나는
월 1,000만원 버는
온라인 셀러가
되기로 했다

나는 월 1,000만원 버는 온라인 셀러가 되기로 했다

초판 1쇄 발행 2025년 12월 8일

지은이 영영이　**펴낸이** 이성용　**책디자인** 책돼지
펴낸곳 빈티지하우스　**주소** 서울시 마포구 성산로 154 4층 406호(성산동, 중영빌딩)
전화 02-355-2696　**팩스** 02-6442-2696　**이메일** vintagehouse_book@naver.com
등록 제 2017-000161호 (2017년 6월 15일)　**ISBN** 979-11-993021-6-7　13320

- 이 책은 저작권법에 따라 보호를 받는 저작물이므로 무단 전재와 복제를 금지하며, 이 책 내용의 전부 또는 일부를 사용하려면 반드시 저작권자와 빈티지하우스의 서면동의를 받아야 합니다.
- 빈티지하우스는 독자 여러분의 투고를 기다리고 있습니다. 책으로 펴내고 싶은 원고나 제안을 이메일(vintagehouse_book@naver.com)으로 보내주세요.
- 파손된 책은 구입하신 서점에서 교환해 드리며 책값은 뒤표지에 있습니다.

영영이 지음

나는
월 1,000만원 버는
온라인 셀러가
되기로 했다

평범한 육아맘에서
월 1,000만원 버는
온라인 셀러가 되기까지
전 과정 대공개!!

방구석 부업으로 시작해서
3년 만에 순수익 월 1,000만원 달성!!

빈티지하우스
VINTAGE HOUSE

프롤로그

안녕하세요. 육아맘 셀러 영영이입니다.

한때는 공무원이었지만, 현재는 육아와 온라인 사업을 병행하고 있는 평범한 엄마이자 셀러입니다.

제가 온라인 판매를 처음 시작하게 된 것은 저의 사랑스러운 아이를 얻으면서 받게 된 육아휴직이 계기가 되었습니다. 육아휴직으로 얻게 된 여유 시간에 소소하게 스마트스토어를 한번 해볼까 했던 것이 지금까지 이어지게 되었죠.

정말 아무것도 할 줄 몰랐던 그 시절, 상품 등록을 하나 하기 위해 혼자 끙끙대던 날들이 지금까지도 선명합니다.

그러다 그 아이가 자라나 어린이집을 다니기 시작한 2년 전부터 본격적으로 온라인 판매에 집중하게 되었습니다.

소소하게 시작한 온라인 사업의 매출이 점점 오르고 셀러로서의 가능성을 엿보게 되면서, 저는 결국 10년 넘게 다닌 공직을 내려놓고 온라인 사업에 집중하는 길을 선택하게 되었습니다.

처음에는 위탁판매로 시작했지만, 이후에는 사입판매, OEM 제작, 어린이 KC인증, 화장품 수입 등의 과정을 밟으며 성장해왔습니다.
온라인 셀러로서의 과정이 결코 순탄하지만은 않았습니다. 큰 성공을 맛본 순간도 있었지만, 반대로 쿠팡 계정 영구 정지라는 혹독한 실패도 경험했습니다.
매출이 0원이었던 날은 두려움과 절망감으로 멍해졌지만, 그 시간 덕분에 저는 더욱 단단해졌고 더 꼼꼼한 셀러가 될 수 있었습니다.

지금은 처음 시작했던 스마트스토어를 비롯하여, 다양한 플랫폼에서 스토어를 운영하며 저와 같은 길을 걸으려는 분들께 도움이 되는 글과 경험을 공유하려고 노력하고 있습니다.

제가 지금 온라인 판매에 입문하려는 분들을 위한 책을 쓰고 있지만, 저라고 해서 처음부터 특별한 능력이 있었던 것은 아닙니다. 이 책을 읽는 여러분들과 똑같았습니다. 직장 생활을 하다 한 아이의 엄마가 되었고, 늘어난 가족을 위해 좀 더 나은 삶을 꿈꾸는 엄마였을 뿐입니다.

유통이나 제조의 경험이 있던 것도 아니고, 창업에 대한 전문 지식도 전혀 없었습니다. 부족한 능력 대신 시간을 투자했고, 중간에 포기하지 않았으며, 필요한 것을 배울 때까지 버텼습니다. 그 결과가 지금의 숫자와 성과로 돌아온 것입니다.

제가 할 수 있었기에, 여러분도 해낼 수 있습니다.
지금 이 책을 읽는 여러분이 저와 비슷한 시작선 앞에서 고민하고 계시다면,
이 책이 여러분이 나아갈 길을 알려주는 작은 나침반이자 든든한 응원이 되길 진심으로 바랍니다.

차례

프롤로그　004
차례　007

1부　육아와 함께 시작한 위탁판매　011
1　육아휴직과 새로운 도전　012
2　스마트스토어, 온라인 창업의 시작　016
3　위탁상품 하나로 스마트스토어 빅파워 등급 달성　023
4　위탁판매의 한계와 찾아낸 틈새시장　029
5　어린이집 등원, 그리고 시간의 여유　032

2부　온라인 셀러 시작 가이드: 준비부터 입점까지　037
1　온라인 셀러의 첫 단추, 사업자등록부터　038
2　사업자등록 방법　042
3　통신판매업 신고 방법　050
4　스마트스토어, 입문 셀러에게 적합한 플랫폼　058
5　쿠팡, 빠른 속도와 대규모 유입이 가능한 플랫폼　066

3부 사입판매와 시행착오 ... 077

1 방 한 칸에서 시작된 사입의 첫걸음 078
2 매출 7,000, 순수익 700, 그리고 마이너스 통장 083
3 공간의 한계를 넘어, 3PL 물류센터 계약 089
4 마진을 남기는 구조에 대한 고민 094
5 나에게 맞는 길을 찾아서, 차별화 전략의 시작 099

4부 위탁판매와 사입판매: 판매 방식의 이해 ... 105

1 위탁판매 vs 사입판매, 나에게 맞는 판매 방식은? 106
2 위탁판매를 위한 도매처 찾기 111
3 중국 사입, 글로벌 소싱의 시작점 117
4 처음 사입할 때, 꼭 알아야 할 구매대행 흐름과 비용 구조 123
5 나만의 상품 제작: OEM과 ODM의 이해 130

5부 월천 순수익의 꿈을 이루다 — 139

1 무식해서 용감했던, 그 시절의 나 140
2 공무원 퇴사, 진짜 내 길을 선택하다 145
3 월천 순수익 달성 150
4 50평 첫 사무실, 도약의 출발선 154

6부 팔릴 상품을 어떻게 찾나요? 소싱 전략 — 159

1 데이터로 시장을 읽는 법 160
2 관심사에서 출발한 소싱 168
3 이슈를 기회로 바꾸는 감각 172
4 보이지 않는 시장, 틈새 수요 포착하기 176
5 작은 시장에서 1위를 노리는 전략 182

7부 실패를 통해 배운 것들 ———————————————— 187

　1 쿠팡 계정 영구 정지, 한순간에 0원이 된 매출　188
　2 매출보다 중요한 것　193
　3 실패가 나를 키웠다　197
　4 나는 여전히 도전한다　200

8부 셀러 성장을 위한 마지막 체크리스트 ———————— 205

　1 숫자에 약해도, 숫자를 외면할 수는 없다　206
　2 지식재산권, 반드시 챙겨야 할 최소한의 안전장치　210
　3 물류와 공간 고민, 3PL vs 사무실　215
　4 바이럴 마케팅, 작은 노출이 큰 매출을 만든다　221
　5 루틴이 있는 셀러는 흔들리지 않는다　228

에필로그　232

1부

육아와 함께 시작한 위탁판매

1
육아휴직과 새로운 도전

2011년, 스물네 살의 나이에 공무원이 되었다. 공무원 시험이라는 큰 관문을 넘고 안정된 직업을 얻었다는 사실만으로도 만족스러웠다. 딸을 자랑스러워하는 부모님의 모습에 뿌듯함을 느꼈고, 공무원이라는 직업이 주는 안정감도 좋았다. 처음에는 그 안정감 하나만으로도 충분할 것 같았다.

처음에는 일하는 게 재미있었다. 새로운 것을 배우길 좋아했고, 익숙한 틀 안에서도 나름대로 개선하려는 시도를 즐겼다. 하지만 시간이 지나면서 점점 일이 지루해졌다. 매일 똑같은 업무의 반복, 나는 지겨운 것을 잘 참지 못하는 성격이었다.

새로운 것을 배우고, 스스로 성장시키는 것을 좋아하는 나한테는 공무원 조직이 점점 안 맞는 옷처럼 느껴졌다.

무엇보다 힘들었던 것은, 열심히 일할수록 오히려 손해를 보는 구조였다. 처음에는 열성적으로 업무에 임했지만, 어느 순간부터 '왜 나한테만 일이 몰리지?'라는 생각이 들기 시작했다.

책임감 있게 일을 처리하면, 다음에도 나에게 일이 돌아왔고, 조용히 시간만 채우는 사람들은 오히려 더 편하게 지내는 모습이 반복됐다.

일하는 사람만 더 일하고, 월급은 다 똑같은 구조. 점점 불합리하다는 생각이 들었다.

나도 모르게 점점 수동적인 사람이 되어갔다. 더 이상 앞서서 뭘 해보려는 의지도 사라졌고, 그냥 주어진 일만 처리하는 날들이 이어졌다.

내가 잘못된 것일까? 이 구조가 문제인 것일까?

효율성과 자기계발을 중요하게 여기는 내 성향과는 맞지 않는 조직이라는 것을 그때서야 뼈져리게 느꼈다.

그럼에도 부모님의 기대를 저버릴 수는 없었다. 딸이 공무원이 되었다고 기뻐하던 그 마음을 외면할 수 없었고, 결혼 후에는 '공무원이니까' 결혼을 결심했을지도 모를 남편의 믿음을 배신하고 싶지 않았다.
그렇게 스스로를 타일러가며 출근을 이어갔다.

그러던 중 2021년, 나에게 사랑스러운 아기가 찾아왔다. 임신과 함께 출산휴가와 육아휴직에 들어가게 되었다. 그 시간은 나에게 주어진 기회였다. 뭔가 새로운 일을 시도해볼 수 있는 절호의 기회.
이 기간 동안 뭐라도 하나 제대로 해내서 공무원으로 다시 돌아가지 않겠다는 다짐을 했다. 단순한 육아휴직이 아니라 이 기회를 살려 나의 새로운 삶을 준비하는 시간으로 만들고 싶었다.

수많은 고민 끝에 내가 선택한 것은 온라인 셀러였다. 이유는 단순했다. 온라인 셀러라면 시간과 장소에 구애받지 않고 일을 할 수 있을 것 같았기 때문이다. 아기가 나를 찾을 때, 아기가 아플 때, 언제든 곁을 지켜주면서 할 수 있는 일을 하고 싶었다.
온라인 셀러라면 아기와 함께하는 시간을 최대한 누리면서 경제적 독립도 꿈꿀 수 있을 것 같았다.

처음 하는 온라인 판매는 너무 막연하고 어려웠다. 하지만 한 가지는 분명했다. 지금이 아니면 도전할 기회가 없을 것이라는 사실.

나는 더 이상 안정만을 좇으며 살고 싶지 않았다. 내가 원하는 것은 자유였다. 아이와 함께하는 시간을 온전히 누리면서도, 스스로 경제적으로 자립할 수 있는 삶. 그리고 무엇보다도 내 인생의 주인공이 되어보고 싶었다.
그렇게 나는 육아맘이 되는 동시에 온라인 셀러로서의 첫발을 내딛었다.

2
스마트스토어, 온라인 창업의 시작

당시 나를 온라인 셀러라는 세계로 이끈 결정적인 계기는 우연히 접한 신사임당 님(현 주언규 님)의 유튜브 영상이었다. 그 유튜브 영상 덕분에 위탁판매에 대해 처음 알게 되었다. 그동안 '사업'이라고 하면 오프라인 매장처럼 많은 초기 자본이 필요한 일만을 떠올렸는데, 그 유튜브 영상 통해 온라인 창업이라는 또 다른 세상을 알게 된 것이다.

특히, '스마트스토어 위탁판매'라는 방식은 내가 재고를 직접 보관할 필요도 없었다. 고객주문이 들어오면 도매처에서 바로 발송까지 해주는 구조였기에 집에서 아기를 돌보면서도 충분히

할 수 있겠다는 생각이 들었다.

영상에서 나온 "단군 이래 가장 돈 벌기 좋은 시대"라는 말은 유난히 나의 마음에 와닿았다. 열심히만 하면 누구나 수익을 낼 수 있다는 메시지는 당시 육아휴직 중이던 나에게 용기와 희망을 주었다.
나는 돈을 벌고 싶었다. 아니, 돈을 많이 벌고 싶었다.

그날로 망설임 없이 클래스101의 스마트스토어 강의를 신청했다. 강의에서 하라는 대로 차근차근 따라갔다. 사업자등록증을 만들고, 통신판매업 신고도 마쳤다.
그리고 처음으로 나만의 스마트스토어도 개설했다.

하지만 정작 스토어를 만들어놓고 나니, 본격적인 고민이 시작됐다. 무엇을 팔아야 하지?
막상 판매할 상품을 정하려니 머릿속이 하얘졌다. 우선 카테고리부터 정해보기로 했다. 그 당시의 나는 곧 출산을 앞두고 있었고, 자연스럽게 유아용품에 관심이 많았다.

'그래, 내가 잘 알고 관심 있는 것을 팔자'라는 생각으로 유아용품 카테고리로 방향을 정했다.

카테고리를 정한 다음에는 판매할 상품을 정하기 위해 도매 사이트를 살펴보기 시작했다. 도매꾹, 오너클랜, 온채널 등 유명한 도매 사이트들을 하나하나 방문했다. 눈을 휘둥그레지게 할 만큼 다양한 상품들이 쏟아져 나왔고, 처음에는 마냥 신기하기만 했다.
'이 많은 상품들 중에 무엇을 팔면 될까?'라는 막연한 기대감도 있었다.

그런데 얼마 지나지 않아 기대감은 막막함으로 바뀌었다. 도매 사이트에는 상품이 너무 많았다. 너무 많다는 것이 오히려 선택을 어렵게 만들었다. 너무 많은 상품들 속에서 무엇을 팔아야 할지 도무지 감을 잡을 수 없었다.
더 큰 문제는 다른 데 있었다. 도매 사이트에 올라온 상품들의 공급가보다 스마트스토어에서 실제 판매되는 가격이 더 저렴한 경우도 많았다는 점이다.

'아니, 도매가가 이 정도인데 어떻게 이걸 더 싸게 팔 수 있지?'
이것을 도대체 어떻게 팔라는 것인지, 이해가 되지 않았다.

혹시 내가 뭔가를 잘못 보고 있는 것은 아닐까? 같은 제품이 맞나 싶어 상품명과 이미지, 설명까지 몇 번이나 비교해 봤지만, 도저히 이길 수 없는 가격들이 존재했다.
도매 사이트에서 상품을 가져다 팔면 되는 줄 알았는데, 현실은 그리 단순하지 않았다.
'이걸로 어떻게 수익을 내지?' 하는 걱정이 고개를 들었다.

고민 끝에 결국 방향을 바꾸기로 했다. 사람들에게 많이 알려진 도매 사이트 대신 '○○도매', '○○도매처' 같은 키워드로 구글 검색을 하기 시작했다.
엄마라는 정체성을 살려 유아용품에 집중했고, 관심 가는 상품은 제품 뒷면의 정보를 단서로 삼아 제조사나 유통사를 찾아내기도 했다.

그렇게 손품과 발품을 팔아가며 찾은 도매처 중 한 곳에서 감성적인 디자인의 유아 스쿠터를 발견했다. 딱 보는 순간 마음이 끌렸다.

알록달록 전형적인 유아용품의 색감이 아닌 은은하고 차분한 색조의 상품이었다. 고급적인 디자인이 요즘 엄마들이 좋아할 스타일이었다.

공급가도 적당했고, 무엇보다 스마트스토어에서 팔리고 있는 다른 비슷한 제품들에 비해 가격 경쟁력이 있어 보였다.

'그래, 이걸 한번 팔아보자'라는 결심이 들었다.

문제는 상품 사진과 상세페이지였다. 위탁상품이라 내가 직접 제품을 볼 수 없었다. 제공받은 기본 이미지 몇 장과 텍스트 위주의 상세페이지 설명은 너무 밋밋했다. 이걸로는 고객을 설득하기에 부족해 보였다.

그래서 내가 예전에 해봤던 블로그 체험단, 인스타 체험단의 경험을 살려보기로 했다. 제품을 무료로 협찬받고 블로그나 인스타에 후기를 올리는 방식이었는데, 이걸 활용해보자는 생각이 떠올랐다.

바로 인스타그램에서 새로운 계정을 만들고 육아맘을 대상으로 체험단을 모집했다. 아이를 키우는 엄마이면서 인스타그램 활동을 어느 정도 꾸준히 하는 분들을 중심으로 선정했고, 평소 눈여겨봤던 몇몇 분들에게는 직접 DM을 보내기도 했다.
제품을 무료로 제공하는 대신, 인스타그램과 블로그, 맘카페 등에 후기 콘텐츠를 올려달라고 부탁했다.

시간이 지나 하나둘씩 후기가 도착했다. 대충 찍은 사진들도 있었지만, 그중엔 정말 감성적인 사진도 있었다. 자연광이 은은하게 비치는 거실 한편에서 아이가 스쿠터를 타고 있는 모습, 엄마가 직접 작성한 사용 후기를 담담하게 풀어낸 블로그 글.
나는 이렇게 받은 사진들과 후기를 바탕으로 상세페이지를 새로 구성했다. 썸네일에도 정성을 들였고, 실제 엄마들의 사용 후기를 녹여 스토어에 첫 상품을 등록했다.
출산을 겨우 한 달 앞둔 시기였다.

놀랍게도 상품을 등록하자마자 바로 주문이 들어왔다. 처음에는 내가 잘못 본 줄 알았다.

산후조리원에 누워 핸드폰으로 주문을 확인하고, 도매처에 발주를 넣던 그 순간들이 아직도 생생하다.

그렇게 나의 첫 온라인 창업이 시작되었다.

3

위탁상품 하나로 스마트스토어 빅파워 등급 달성

처음 판매했던 유아 스쿠터는 단순한 위탁상품이 아니었다. 그저 도매처에서 사진만 긁어와 등록하고 판매하는 상품이 아니라, 나름의 기획과 전략을 담아 만든 나의 첫 상품이었다.
단순한 '소싱'이 아니라 '판매'에 방점을 둔 상품기획이었고, 그것이 나름의 차별점이자 무기가 되었다.

나는 첫 상품의 기획을 위해 먼저 타겟을 정했다. '30~40대 육아맘'으로 타겟을 맞추고, 그들의 소비패턴과 구매심리를 관찰하기 시작했다.

내가 타겟으로 삼은 엄마들은 단순히 기능만 좋은 제품을 사는 것이 아니라, SNS에 올릴 만한 감성적인 요소가 담긴 상품을 좋아했다. 특히, 인스타그램에 아이와 함께 찍은 예쁜 사진을 공유하고 싶어 하는 마음이 컸다.

그래서 유아 스쿠터를 고르면서도 단순히 기능성만을 따지지 않았다. 감성적인 디자인, 색상, 가성비까지 고려했다. 체험단을 운영해 상품을 노출시킬 계획도 이때 세운 것이었다.
이미 블로그와 인스타그램 체험단을 직접 경험해본 이력이 있었기 때문에 그때의 노하우를 활용할 수 있었다.

예상했던 것처럼 실제로 체험단을 통해 받은 후기 사진들은 퀄리티가 높았다. 그중 가장 감성적인 컷들을 골라 썸네일과 상세페이지에 적극 활용했다. 여기에 타겟과 같은 체험단 육아맘들이 직접 쓴 진솔한 후기 문구와 SNS 해시태그까지 더해지면서, 첫 상품이었던 유아 스쿠터는 단기간에 빠르게 확산되기 시작했다.

상품 등록과 함께 처음 주문이 들어왔을 때는 믿기지 않았지만, 주문은 점점 늘어나기 시작했다.

하루에 몇 건이었던 주문은 어느 날부터 열 건, 스무 건이 넘어갔다. 스마트스토어 관리 페이지에서 실시간으로 알람이 울릴 때마다 심장이 뛰었다.

스마트스토어 검색창에서 관련 키워드를 입력하면 내 상품이 최상단에 노출되었다. 광고비를 한 푼도 쓰지 않았지만, 자연 검색만으로도 유입이 많았다.

이 흐름은 점점 가속이 붙었다. 마치 설산 위의 눈덩이가 덩치를 불리며 굴러가는 듯한 느낌이었다.

그렇게 나의 첫 번째 상품 하나만으로 월 매출 1,000만 원에서 2,000만 원 사이를 기록하게 되었다. 어린이날이 있는 5월에는 무려 5,000만 원이라는 놀라운 매출을 기록하기도 했다.

판매가 많아지자 자연스럽게 스토어의 '등급'도 올라갔다. 스마트스토어를 개설한 지 얼마 되지 않았음에도 '빅파워' 등급을 달성하게 된 것이다.

빅파워 등급이 되면 여러 가지 혜택이 있다. 우선 스마트스토어를 운영하면서 가장 중요한 네이버 상위 노출이 유리해지고, 스토어 신뢰도 자체도 높아진다. 이는 다시 매출 증가로 이어지는 선순환 구조로 들어서게 된다.

나는 광고도 없이, 순전히 상품력과 콘텐츠라는 상품기획만으로 이 결과를 만들어냈다는 사실에 자부심을 느꼈다.

'이런 상품 4~5개만 더 찾으면 월 1,000만 원 순수익은 금방 벌겠다'라는 생각이 들었다.

"단군 이래 가장 돈 벌기 쉬운 시대"라는 말이 진짜 현실로 느껴졌고, 동시에 이거 너무 쉽고 잘 풀리는 것이 아닌가 싶었다.

하지만 부푼 기대는 오래가지 않았다. 유아 스쿠터 이후로 그렇게 터지는 상품은 다시 찾기 어려웠다. 아무리 도매처를 뒤지고, 비슷한 전략으로 상품을 홍보해도 반응은 예전과 같지 않았다. 나는 그제야 깨달았다. 유아 스쿠터는 초심자의 행운이었고, 내가 '운 좋게' 한 번 맞춘 결과였다는 사실을 말이다.

등급명	판매금액(1개월)	굿서비스 점수		
		주문이행	배송점수	고객만족
플래티넘	2억원 이상	99점 이상	98점 이상	98점 이상
프리미엄	5천만원 이상	98점 이상	96점 이상	96점 이상
빅파워	1천만원 이상	94점 이상	85점 이상	90점 이상
파워	300만원 이상	92점 이상	80점 이상	85점 이상
새싹	80만원 이상	90점 이상	75점 이상	80점 이상
씨앗	80만원 미만	90점 미만	75점 미만	80점 미만

▲ 스마트스토어 판매자 등급

스마트스토어의 등급은 일정 기간의 판매건수와 판매금액을 기준으로 결정된다. 그중 '빅파워' 등급의 기준은 최근 1개월의 판매금액이 1,000만 원 이상이어야 한다.

온라인 셀러를 처음 시작하는 입장에서 숫자를 보면 굉장히 높은 기준처럼 보이지만, 이를 하루 단위로 환산해 보면 생각보다 현실적인 수준이라는 것을 알 수 있다.

- **판매금액: 1,000만 원 ÷ 약 30일 = 하루 평균 약 33만 원**

즉, 가격대가 높은 상품을 판매한다면 하루에 몇 건만 팔아도 빅파워 등급을 달성할 수 있다. 실제로 내가 첫 상품으로 판매했던 유아 스쿠터가 바로 그런 경우였다.

여기서 중요한 점은, 단순히 매출이나 등급 달성에 매몰되지 말아야 한다는 것이다.

등급은 하나의 지표일 뿐이다. 진짜 핵심은 상품력과 고객 경험이다. 꾸준히 판매가 이어지는 구조를 만들지 못한다면 어렵게 달성한 등급일지라도 유지가 쉽지 않다.

4
위탁판매의 한계와 찾아낸 틈새시장

위탁판매는 진입장벽이 낮다는 장점이 있지만, 그만큼 누구나 쉽게 뛰어들 수 있는 구조이기 때문에 경쟁이 치열할 수밖에 없다.

원래 위탁판매는 구조상 마진이 많이 남는 구조도 아니었다. 나는 월 매출 1,000만 원에서 2,000만 원 사이를 오갔고, 평균 마진율은 10~15%였다. 결국, 순수익은 월 200만 원 내외였다.

하지만 10년 넘게 공무원으로 일하며 받아왔던 월급과 비교하면, 단 하나의 상품으로 얻은 이 수익은 분명 적지 않은 성과였다.

문제는 이 구조가 오래 버티기 어렵다는 것에 있었다. 온라인 시장에서는 어떤 상품이 조금만 반응을 얻기 시작하면, 똑같은 제품을 판매하는 경쟁자들이 우후죽순으로 금세 생겨난다.
다행히도 나는 1년 가까이 유아 스쿠터 하나의 상품으로 버틸 수 있었다. 체험단 후기, 썸네일, 감성 마케팅 등이 잘 맞아떨어지며 비교적 오래 독점적으로 팔 수 있었던 셈이다.

하지만 결국 경쟁은 시작됐고, 비슷한 상품이 줄줄이 올라왔다. 신규 경쟁자들은 가격을 1,000원, 2,000원씩 낮춰가며 판매했고, 나는 점점 적정 마진율을 유지하기 어려워졌다.
공급가는 그대로인데 판매가는 계속 내려가니 수익은 당연히 줄었다. 마진은 점점 떨어졌고, 어느 순간부터는 10%의 마진도 남기기 어려운 구조가 되었다.
하루 종일 상품이 팔려도, 정작 손에 남는 것은 얼마 안 되는 날이 반복되기 시작했다.

이 상황을 타개하기 위해 나는 다시 고민에 들어갔다. '지금 나에게 있는 고객층에게 어떤 제품이 더 필요할까?' 그렇게 관찰하고 고민하고 분석하는 나날이 지나갈 때쯤 유아 스쿠터의 단점을 발견했다.

유아 스쿠터의 디자인은 감성적이고 가격도 저렴했지만, 내구성이 약해 1년 정도 사용하면 배터리를 교체해야 한다는 단점이 존재한 것이다.

그때부터 배터리를 함께 팔기로 했다. 처음에는 거래하던 도매처를 통해 배터리를 22,000원에 공급받아 30,000원에 판매했다. 그러다 구글과 도매 사이트를 뒤져보며 같은 사양의 배터리를 8,200원에 제공하는 곳을 찾았고, 더 나아가 100개 이상 대량 구매 조건으로 6,600원까지 단가를 조정받을 수 있었다.

배터리를 판매하기 시작하면서 나는 중요한 사실을 하나 깨달았다. 많이 팔리는 주력 상품보다 적게 팔려도 마진이 높은 부품이 수익 구조를 더 튼튼하게 만든다는 것이다.

유아 스쿠터의 본체는 주문량이 많았지만 마진이 적었고, 오히려 부품인 배터리는 판매량은 적었지만 마진이 높아 진짜 '효자 상품' 역할을 해준 것이다.

5
어린이집 등원, 그리고 시간의 여유

위탁판매는 내가 직접 제품을 보유하지 않는 구조이다 보니 여러 가지 장점도 많지만, 그만큼 통제할 수 없는 변수도 많은 것이 사실이다.

공급처에서 상품이 갑자기 품절되거나, 어린이날, 크리스마스 등에 있는 폭발적인 수요를 뒷받침해주지 못했다. 고객은 나를 믿고 주문했지만, 나는 그 신뢰를 지키지 못하는 상황이 반복되었다.

결국, 고객 응대에 쏟는 시간과 감정노동이 점점 늘어났다. 위탁판매의 구조적 한계를 절실히 느끼는 날들이 늘어만 갔다.

사실 사입판매에 대한 생각은 그 전부터 있었지만, 현실적으로 도전할 수 없는 상황이었다. 갓 태어난 아이를 혼자 돌보며 사입 판매로 늘어나는 일까지 병행하는 것은 불가능에 가까웠다.
그래서 어쨌든 유아 스쿠터 제품 하나로 월 200만 원 정도의 수익이 나오는 것만으로도 감사하며 지냈다.

그러던 중 2023년 3월, 첫돌이 지난 아이를 어린이집에 보내기 시작하면서 나에게 시간적 여유가 생겼다. 아이가 어린이집에 가 있는 시간 동안 온전히 나만의 시간이 생긴 것이다.
이 변화는 나에게 단순한 '자유 시간' 이상의 의미였다. 나에게도 드디어 무언가에 도전해볼 수 있는 조건이 만들어진 것이었다.

그때부터 나는 본격적으로 온라인 셀러로서의 길을 다시 계획하기 시작했다. 그동안 눈여겨보았던 오프라인 강의를 신청했고, 강의장에서 다양한 셀러들을 만나면서 새로운 자극도 받을 수 있었다.
무엇보다 강의를 통해 깨달은 것은 세상에 '스마트스토어' 하나만 있는 것이 아니라는 사실이었다.

강의를 들은 이후로 가장 먼저 한 일은 스마트스토어 이외로 판매채널을 확장하는 것이었다. 쿠팡, 11번가, 그리고 몇몇 전문몰 등에 하나씩 입점하기 시작했다.

이를 통해 내가 몰랐던 세계가 이렇게 넓다는 것을 알게 되자, 그동안 왜 스마트스토어 하나만 붙잡고 있었나 싶기도 했다.

이때부터 나는 점점 '위탁판매'가 아닌 '사입판매'에 대한 관심을 키워갔다.

이런 경험을 하면서 나는 더욱 확신하게 됐다. 이제는 내가 전부를 통제할 수 있는 구조를 만들어야 한다.

단지 공급처에 기대어 운영하는 위탁판매만으로는 나 자신이 만족할 수 없었다. 매출은 1,000만 원, 2,000만 원씩 나오고 있었지만, 정작 손에 남는 것은 10% 남짓. 감정적으로 공허함이 더 컸다. 내가 직접 만져보지도 못한 상품을 팔고 있다는 점에서 오는 거리감도 컸다.

고객과 직접 소통하고, 내가 고른 제품을 내 손으로 판매하며, 그 과정에서 나만의 브랜드를 만들어가고 싶다는 마음이 점점 더 커졌다.

사입판매는 초기 자금이 들어가고 운영 시간이 늘어난다는 단점은 있었지만, 이제는 내가 주도하는 사업을 해보고 싶었다. 그렇게 나는 '사입판매'라는 새로운 방식에 눈을 돌리게 되었다.

2부

온라인 셀러 시작 가이드: 준비부터 입점까지

1

온라인 셀러의 첫 단추, 사업자등록부터

스마트스토어나 쿠팡 등 다양한 온라인 쇼핑 플랫폼에서 상품을 판매하는 온라인 셀러가 되기 위해서 가장 먼저 해야 하는 것이 바로 사업자등록이다.

사업자등록에는 크게 개인사업자와 법인사업자 두 가지 형태가 있다.

일반적으로 온라인 셀러를 처음 시작하는 사람이라면 개인사업자로 등록하는 경우가 대부분이다.

[개인사업자와 법인사업자의 차이]

개인사업자는 말 그대로 '개인이 운영하는 사업'이다. 본인 명의로 등록하면 되기 때문에 시작이 간단하고, 초기 자본금이나 복잡한 설립 절차가 필요 없다는 장점이 있다.

혼자서도 충분히 운영이 가능하다는 점에서 진입장벽이 낮기 때문에, 대부분의 초보 셀러들이 개인사업자의 형태로 출발한다. 물론 단점도 있다. 수익이 커질수록 세금 부담이 늘어나고, 사업체와 개인의 재산이 명확히 분리되지 않는다는 것이다.

즉, 사업에 문제가 생기면 개인 재산에도 영향을 줄 수 있기 때문에 사업체의 규모가 커질수록 고민이 깊어질 수밖에 없다.

반면 법인사업자는 처음부터 '회사'로 등록하는 형태이다. 주식회사나 유한회사처럼 법인을 설립해야 하며, 사업체와 대표자의 재산이 분리된다는 점에서 책임 범위가 개인사업자보다 명확하다.

세금 절감, 외부 투자 유치, 거래처 신뢰 측면에서도 장점이 많다. 하지만 법인 설립 과정이 복잡하고, 회계·세무 관리도 체계적으로 해야 하며, 초기 비용도 더 들어갈 수밖에 없다.

그래서 일반적으로 처음에는 개인사업자로 시작하고, 매출이 늘고 인력이나 자금흐름이 복잡해지는 시점에서 법인 전환을 고려하는 경우가 많다.

나 역시 온라인 셀러를 처음 시작할 때는 개인사업자로 출발했다. 무엇보다 빠르게 시작할 수 있었고, 혼자서도 충분히 운영이 가능했기 때문이다.
하지만 사업이 점차 성장하면서 세금 및 장기적인 운영 계획 등을 고려하게 되었고, 결국 현재는 법인사업자를 새로 설립하여 운영하고 있다.

이때 예상치 못한 문제가 하나 있었는데, 바로 판매채널과 사업자 형태의 연동 문제였다.
예를 들어, 스마트스토어는 개인사업자를 법인사업자로 전환하는 것이 비교적 유연한 편이다. 하지만 쿠팡은 사업자 형태의 변경이 불가능하다. 개인사업자로 입점한 뒤에 법인사업자로 전환하고 싶어도, 기존 개인사업자로 운영하던 스토어를 그대로 이어갈 수 없기 때문에 계정을 새롭게 만들어야 했다.

이런 부분은 사업 초기에 크게 와닿지 않을 수 있다. 하지만 나중에 사업 규모가 커지고 법인사업자로의 전환이 필요해졌을 때, 기존 판매채널을 유지할 수 없다는 점은 큰 리스크가 된다. 따라서 지금은 작게 시작하는 단계일지라도, 앞으로의 방향과 성장 가능성을 두고 사업자 형태를 선택하는 것이 중요하다.

꼭 처음부터 법인사업자로 시작할 필요는 없다. 앞서 말했듯이 개인사업자의 장점도 분명 존재하기 때문이다.
하지만 향후 법인사업자로의 전환 계획이 있다면, 판매채널에 따른 제약 조건은 반드시 미리 확인해두는 것을 추천한다.

2
사업자등록 방법

개인사업자와 법인사업자 중 사업자 형태를 선택했다면, 이제 본격적으로 사업자등록 절차를 시작할 수 있다. 사업자등록은 오프라인과 온라인 두 가지 방법 중 하나를 선택하여 신청할 수 있다.

오프라인 등록은 세무서에 직접 방문하여 사업자등록을 신청하는 방법이고, 온라인 등록은 국세청 홈택스를 통해 등록을 신청하는 것이다.

개인사업자의 경우에는 절차가 비교적 간단하기 때문에 누구나 국세청 홈택스를 통해 쉽게 신청할 수 있다. 시간과 노력을 아끼고 싶다면 온라인 신청에 도전하는 것을 추천한다.

하지만 법인사업자의 경우에는 법인 설립 절차를 거친 뒤에 사업자등록을 신청해야 하기 때문에 셀프로 진행하는 것이 쉽지 않다. 따라서 법인사업자의 경우에는 보통 법무사나 세무사의 도움을 받는 것이 일반적이다.

[홈택스를 통한 사업자등록 절차]

① 국세청 홈택스 사이트(www.hometax.go.kr) 로그인

개인사업자 기준으로, 공동인증서나 간편인증을 통해 국세청 홈택스에 로그인할 수 있다.

② '개인사업자등록 신청' 메뉴 클릭

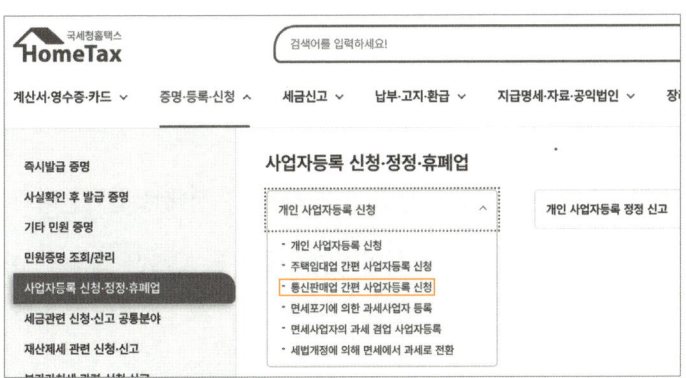

홈택스 상단 메뉴에서 '증명·등록·신청'→'사업자등록 신청·정정·휴폐업'→'개인사업자등록 신청' 메뉴로 들어간다.

이때 일반적인 '개인사업자등록 신청' 메뉴 밑을 보면, '통신판매업 간편 사업자등록 신청'이라는 메뉴가 있는 것을 확인할 수 있다. '통신판매업 간편 사업자등록 신청'은 온라인 셀러를 위해 좀 더 간단하게 개인사업자등록을 신청할 수 있도록 만든 경로이다.

③ 인적사항 입력

![통신판매업 사업자 등록신청(개인) 화면]

인적사항부터 시작하여 사업장 정보까지 순서대로 입력한다.

사업장을 빌렸는지, 공동사업자인지를 묻는 항목은 대부분 '아니오'로 체크되어 있는데, 특이사항이 없다면 그대로 놔두면 된다.

④ 사업장 정보 입력

사업장 주소는 자택 또는 사무실 주소를 입력하면 된다. 개인사업자를 신청하는 온라인 셀러는 대부분 자택을 사업장으로 등록하기도 한다.

주소 입력 시에 사업장과 거주지가 동일하면 '여', 별도의 사무실이 존재하여 사업장과 거주지가 다르면 '부'를 체크한 뒤에 주소를 입력한다.

주소가 자택이 아닌 임대 사무실이라면 임대차계약서를 첨부해야 하며, 무상으로 사용하는 공간이라면 무상 임대차계약서도 가능하다.

⑤ 업종코드 입력

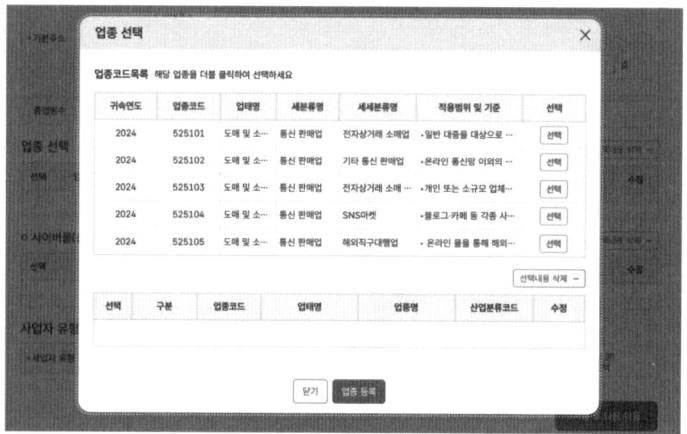

업종코드는 '업종입력'을 클릭하여 '525101-도매 및 소매업, 전자상거래 소매업'을 선택하면 된다.

⑥ 사업자 유형 선택

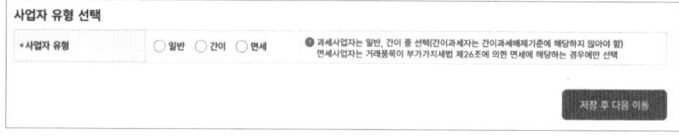

사업자 유형은 '일반과세자', '간이과세자', '면세사업자' 중에 선택하면 된다.

사업자 유형을 선택하고 준비한 임대차계약서 또는 무상 임대차계약서 등을 첨부하고 신청서를 제출하면 사업자등록 절차가 마무리된다.

[간이과세자 vs 일반과세자]

개인사업자는 '간이과세자'와 '일반과세자'로 나뉜다. 대부분의 경우, 초보 셀러는 간이과세자로 시작하는 것이 유리하다. 간이과세자는 연매출 4,800만 원 이하일 경우 부가세를 납부하지 않아도 되기 때문이다.

만약 세금계산서를 발행해야 하거나 사업 확장이 예정되어 있다면 처음부터 일반과세자를 선택해도 좋지만, 일정 매출을 초과하면 자동으로 일반과세자로 전환되기 때문에 초보 셀러라면 너무 어렵게 고민하기보다는 간이과세자로 출발하는 것이 부담이 적다.

그리고 또 하나의 사업자 유형이 '면세사업자'이다. 면세사업자는 이름 그대로 부가가치세(VAT) 납부 의무가 없는 업종만 해당하는 유형이다.

예를 들어, 교육 서비스업, 도서·신문·잡지 판매업, 농축수산물

판매업 등 일부 업종은 법적으로 부가세가 면제된다. 면세사업자는 부가세 신고를 하지 않아도 되므로 세무상 부담이 적지만, 세금계산서를 발행할 수 없다는 단점이 있다. 따라서 B2B 거래(기업 간 거래)가 필요한 경우라면 제약이 되는 경우도 많다.

온라인 셀러의 경우 대부분 일반 상품(생활용품, 식품, 뷰티, 패션 등)을 판매하기 때문에 면세사업자가 될 가능성이 낮다. 다만 교육 자료 판매나 농산물 직거래 같은 특정 업종에 해당된다면 면세사업자 신청도 가능하다.

- 초보라면 → 간이과세자
- 거래처 세금계산서 필요/확장 계획 있다면 → 일반과세자
- 특정 업종이라면 → 면세사업자

[사업자등록증 발급]

사업자등록을 신청하면 평균 3일 이내에 등록이 처리된다. 홈택스 '민원신청 처리결과 조회' 메뉴에서 신청 결과를 확인할 수 있고, 별도 세무서 방문 없이도 PDF 파일로 사업자등록증을 직접 출력하거나 저장할 수 있다.

사업자등록증은 스마트스토어, 쿠팡 등 판매채널에 입점할 때 필요하다. 또한, 통신판매업 신고나 계좌 개설, 세금 관련 업무에도 다양하게 사용되므로 잘 보관하여야 한다.

이렇게 사업자등록 절차까지 끝내고 나면, '진짜 온라인 셀러를 시작하는구나' 하는 실감이 든다.

아직 매출이 없더라도 사업자등록증 한 장은 이제 어엿한 사업자라는 내 안의 마음가짐을 바꿔놓는다.

막연했던 꿈이 비로소 현실이 되는 순간이기 때문이다.

3
통신판매업 신고 방법

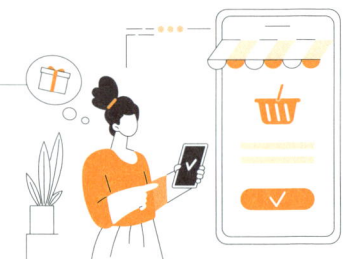

사업자등록을 마쳤다면, 이제는 온라인에서 상품을 팔기 위해 통신판매업 신고를 해야 한다.

'전자상거래 등에서의 소비자보호에 관한 법률'에 따라 온라인을 통해 상품이나 서비스를 판매하려는 사람은 반드시 거쳐야 하는 절차이다.

통신판매업 신고를 마쳐야 각종 오픈마켓이나 온라인 쇼핑몰에서 정식으로 상품을 판매할 수 있다.

통신판매업 신고도 사업자등록과 마찬가지로 오프라인과 온라인 두 가지 방법 중 하나를 선택할 수 있다. 사업장 관할 시·군·구청을 직접 방문해 오프라인으로 신청하는 방법과 정부24 홈페이지에서 온라인으로 신청하는 방법이 있다.

여기서는 시간 절약을 위해 온라인으로 통신판매업을 신청하는 방법을 알아보자.

[정부24를 통한 통신판매업 신고 절차]

① 정부24 사이트(www.gov.kr) 로그인

사업자등록은 국세청 홈택스 사이트에서 진행했지만, 통신판매업 신고는 정부24 사이트에서 신청이 가능하다.

② 검색창에서 '통신판매업 신고' 입력

정부24 사이트 검색창에서 '통신판매업 신고'를 입력해 해당 서비스를 찾는다.

③ 통신판매업신고 발급하기

통신판매업 신고 화면으로 들어가면 나오는 '발급하기' 버튼을 클릭한다.

④ 상호 정보 입력

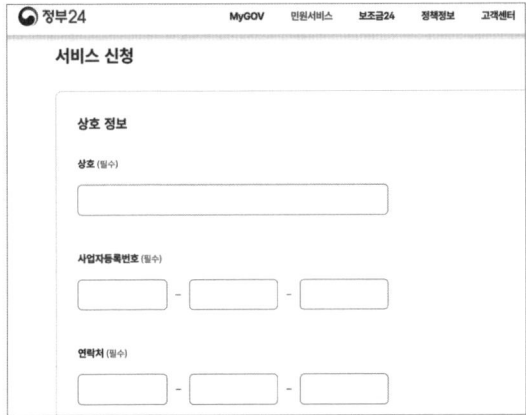

신청 화면에서 상호, 대표자 정보 등 기본 사항을 입력한다.

⑤ 판매방식 선택

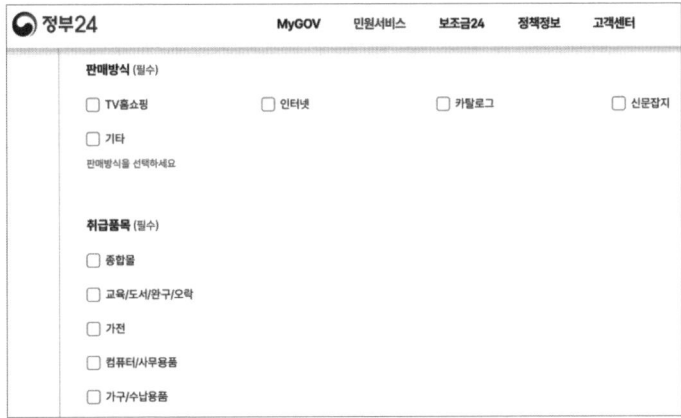

통신판매에는 온라인 판매 이외에도 홈쇼핑, 카탈로그 판매 등 다양한 판매방식이 있다. 온라인 셀러를 준비하는 우리는 판매방식에서 인터넷에 체크한다.

그리고 아직 취급품목이 결정되지 않았더라도 임의로 몇 가지를 선택해주면 된다.

⑥ 구매안전서비스 확인증 첨부

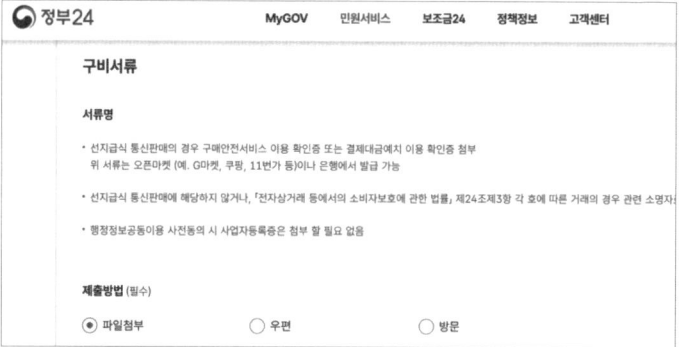

구비서류로 구매안전서비스 이용 확인증을 첨부하고 신청서를 제출하면 통신판매업 신고 절차가 마무리 된다.

통신판매업 신고는 특별한 비용이 발생하지 않고 이후 발급되는 등록면허세를 납부하면 된다.

[구매안전서비스 이용 확인증 발급]

구매안전서비스(에스크로)란, 고객이 결제한 금액을 제3자(PG사 등)가 보관하다가 판매자가 상품을 발송하고 고객에게 배송을 완료했을 때 판매자에게 지급하는 결제 안전 장치이다.

구매안전서비스는 판매자와 구매자 모두를 보호하는 제도로 통신판매업 신고를 위해서 반드시 이용해야 하는 서비스이다.

구매안전서비스 이용 확인증은 대부분의 오픈마켓(스마트스토어, 쿠팡, 11번가 등)에서 발급받을 수 있다.

[등록면허세 납부]

① 위택스 사이트(www.wetax.go.kr) 로그인

통신판매업 신고가 접수되면, 관할 지자체에서 등록면허세 납부 안내 문자가 온다. 등록면허세는 지방세로 홈택스가 아닌 위택스에서 납부가 가능하다.

② 등록면허세 확인

![wetax 화면]

위텍스 상단 메뉴에서 '납부'→'납부대상 확인'→'지방세' 순서로 클릭하고 정확한 금액을 확인한 뒤 등록면허세를 납부한다.

③ 통신판매업 처리 결과 확인

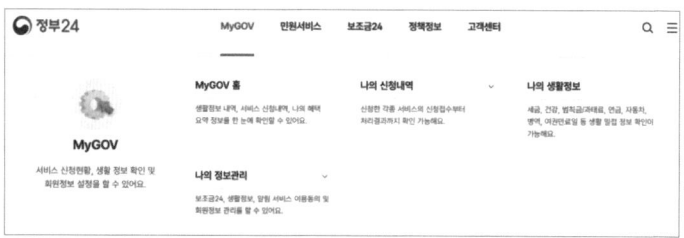

등록면허세를 납부하면 정부24의 '나의 신청내역'에서 통신판매업 신고 처리 결과를 확인할 수 있다.

사업자등록에 이어 통신판매업 신고까지 마무리되면 스마트스토어, 쿠팡, 11번가 등 원하는 오픈마켓에 입점할 수 있는 모든 준비가 끝난다.

이제 본격적으로 온라인 셀러가 되기 위한 준비를 마치고 판매를 위한 문이 열린 것이다.

4
스마트스토어, 입문 셀러에게 적합한 플랫폼

스마트스토어는 온라인 판매를 처음 시작하는 셀러에게 가장 접근하기 쉬운 플랫폼이다. 특히, 네이버라는 대형 포털의 검색 노출 효과와 연동되는 서비스 덕분에 별도의 광고 없이도 기본적인 유입이 가능하다는 장점이 있다.
무엇보다 가입 절차가 간단하고, 사업자등록이 되어 있지 않더라도 개인 자격으로 스토어 개설이 가능해 진입장벽이 낮다.

스마트스토어의 수수료는 카테고리에 따라 다르지만 보통 6~13% 수준으로 합리적인 편이다.

특히, 스마트스토어는 정산속도 면에서 다른 플랫폼에 비해 확실한 강점을 갖고 있다. 예를 들어, 쿠팡은 '주정산'과 '월정산' 방식이 있고 에이블리는 월 2회 정산이 이루어지지만, 두 플랫폼 모두 구매확정일을 기준으로 계산되기 때문에 실제 입금까지 평균 두 달 가까이 소요되는 경우가 많다.
자금흐름이 느려지는 구조는 운영 초기 셀러들에게 부담이 될 수밖에 없다.

반면 스마트스토어는 기본 정산이 '구매확정일 +1영업일'에 처리되어 정산이 빠르고, '빠른정산' 대상자로 선정되면 집화 처리 다음 날 바로 정산도 가능하다.
자금 회전속도가 타 플랫폼보다 빠르기 때문에 현금흐름 관리가 훨씬 수월하다.

온라인 판매 초기에는 대부분 소자본으로 운영하고, 매입 비용, 포장재, 택배비 등 작은 지출들이 연속적으로 발생하기 때문에, 현금흐름은 곧 운영 지속가능성과 직결된다.
그런 점에서 스마트스토어의 빠른 정산 시스템은 초보 셀러에게 특히 유리한 조건이 된다.

관리자 페이지 역시 국내 최대 포털답게 직관적으로 구성되어 있어, 상품 등록이나 주문 처리 같은 기본적인 운영이 초보자에게도 어렵지 않다.
여기에 하나 더 장점을 추가하면, 스마트스토어는 자사몰처럼 스토어 자체를 브랜딩할 수 있다는 것이다. 일회성 매출에 그치지 않고 단골 고객을 만들 수 있다는 점에서 셀러에게 큰 장점이 된다.

같은 콘셉트의 상품들을 모아 전문몰처럼 구성해두면, 한 제품을 구매하기 위해 들어온 고객이 묶음 배송이 가능한 다른 상품까지 함께 구매하는 경우도 많다. 실제로 육아용품이나 키친 카테고리처럼 관련성이 높은 제품들을 함께 진열해두면, 스토어에 머무는 체류 시간이 늘어나고 장바구니 단가도 자연스럽게 높아진다.
브랜드 스토어처럼 스토어 전체의 분위기를 통일감 있게 구성할 수도 있어, 단순히 '상품을 파는 곳'이 아니라 '전문 셀렉트샵'

처럼 보여줄 수 있다는 점도 매력이다.

단점이라면, 네이버 스마트스토어에는 이미 수많은 셀러가 입점하고 있어 경쟁이 치열하다는 것이다. 단순히 상품을 등록한다고 해서 노출되기는 어렵기 때문에, 차별화된 상품 전략이나 키워드 전략이 필요하다.
리뷰와 평점 또한 중요한 플랫폼이기 때문에 신뢰를 쌓기까지 시간이 걸린다. 최근에는 광고의 영향력이 커져, 광고 집행을 하지 않으면 유입을 확보하기 어려운 구조로 변해간다는 점도 단점이 된다.

그럼에도 불구하고 초기 투자비용을 최소화하면서 온라인 판매를 경험해보고 싶은 이들에게는 스마트스토어가 가장 좋은 출발점이 될 것이다.
판매 경험을 쌓고 운영에 익숙해진 뒤에는 쿠팡 같은 같은 다른 플랫폼으로 확장하는 발판이 되기도 한다.

[스마트스토어 판매자센터 가입 방법]

① 스마트스토어 판매자센터(sell.smartstore.naver.com) 가입하기

스마트스토어 개설을 위해서는 먼저 '스마트스토어 판매자센터'에 접속해 '가입하기'를 클릭해준다.

② 네이버 커머스 ID 생성

기존 네이버 아이디가 있다면 해당 계정으로 '네이버 커머스 ID'를 생성하여 가입할 수 있다. 별도의 새로운 계정을 만들 필요는 없으며, 안내에 따라 단계별로 입력하면 어렵지 않게 가입을

완료할 수 있다.

③ 판매자 유형 선택

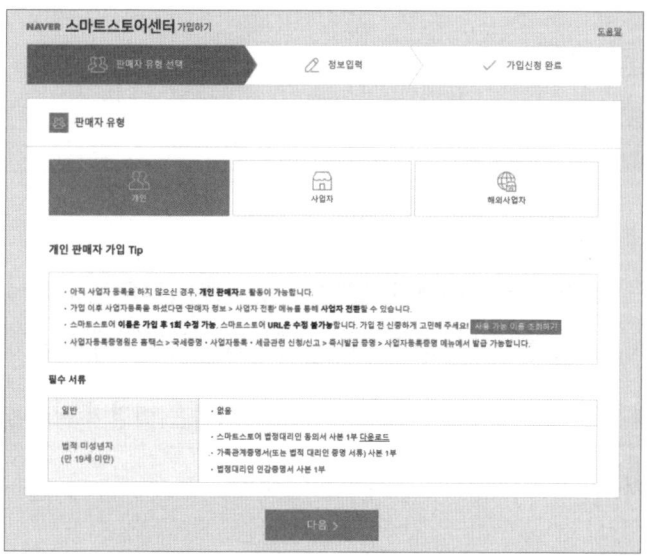

가입 과정에서 판매자 유형을 선택해야 한다. 만약 사업자등록이 되어 있지 않은 경우에는 '개인'을 선택해도 무방하다. 이후 사업자등록을 완료한 후에는 판매자 정보를 '사업자'로 전환할 수 있다.

④ 스토어 정보 입력

```
사용 가능 이름 및 URL 조회하기                                    ×

가입 전, 사용 가능한 스마트스토어 이름 및 URL을 확인해보세요!
단, 현재 시점 기준 사용 가능한 이름이며, 실제 가입 시에는 다른 판매자 님이 사용 중일 수 있습니다.

조회하기

스마트스토어 이름    [ 1~14자 한글, 영문 대소문자, 숫자 가능          ]
                  네이버 검색 시 검색어로도 활용되며, 가입 후 1회 수정 가능합니다.

스마트스토어 URL    [ 2~30자 영문 소문자, 숫자, 특수문자(-, _) 가능    ]
                  https://smartstore.naver.com/ 뒤에 사용하실 스토어 고유의 주소이며, 가입 후에는 수정이 불가능합니다.
```

스토어 정보 입력 단계에서는 배송지 주소, 판매 카테고리 등 다양한 항목을 입력하게 된다. 대부분의 정보는 가입 이후에도 자유롭게 변경이 가능하다. 그러나 다음 두 항목은 변경이 어려울 수 있으니 신중하게 생각하고 입력해야 한다.

- 스마트스토어 이름: 가입 후 1회에 한해 수정 가능
- 스마트스토어 URL: 한 번 등록하면 변경 불가

URL은 스마트스토어의 고유 주소로 사용되며, 검색 노출이나 마케팅 등 다양한 측면에 영향을 미치기 때문에 신중하게 결정하는 것이 좋다.

가입이 완료되면 판매자센터 관리자 페이지에서 배송 정책, 반품/교환 안내, 고객 응대 시간 등 스토어 운영에 필요한 세부 설정을 추가로 진행할 수 있다. 해당 설정은 언제든지 수정이 가능하다.

5

쿠팡, 빠른 속도와 대규모 유입이 가능한 플랫폼

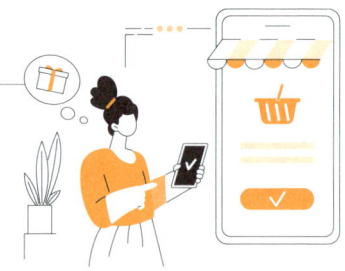

세계 최대의 온라인 쇼핑몰인 아마존을 벤치마킹하며 빠르게 성장한 쿠팡은 스마트스토어와 함께 국내 전자상거래 시장의 양강 체제를 구축하고 있다.

쿠팡은 **빠른 배송**, 사용자 친화적인 모바일 앱, 강력한 검색 기능 등으로 소비자 충성도가 높고 반복 구매율이 높은 것이 특징이다.

쿠팡의 가장 큰 장점은 '로켓배송'이다. 자정 안에 주문하면 주말과 공휴일을 가리지 않고 익일 배송을 해주는 로켓배송은 급한 성격으로 유명한 한국인들의 취향을 저격했다.

또한, 쿠팡은 전국에 자체 물류센터를 구축해 물류를 직접 관리하면서 배송 속도와 정확도를 높이고 있다. 이러한 배송 측면의 장점은 한국 소비자들에게 압도적인 만족감을 주었고, 쿠팡을 대표하는 경쟁력으로 자리 잡았다.

쿠팡의 성장에 자극받은 네이버 스마트스토어도 'N배송'이라는 풀필먼트 서비스를 시작했다.

하지만 네이버는 쿠팡처럼 자체 물류센터를 보유하고 있지 않기 때문에, 외부 물류업체와 제휴하는 방식으로 풀필먼트 서비스를 제공하고 있다. 따라서 네이버 스마트스토어의 풀필먼트는 배송 속도와 일관성 면에서 쿠팡의 로켓배송에 미치지 못한다.

판매자 입장에서 쿠팡은 '트래픽traffic이 집중되는 플랫폼'이다. 국내 쇼핑 앱 사용량 상위권을 꾸준히 유지하고 있으며, 소비자들이 상품을 탐색하고 실제 구매까지 이어지는 속도도 빠르다. 스마트스토어가 검색 기반 플랫폼이라 단순히 상품을 살펴보고 떠나는 경우도 있다면, 쿠팡은 구매 목적을 가진 소비자가 들어와 검색하는 구조라서 실제 판매로 이어질 가능성이 네이버 스마트스토어에 비해 훨씬 높다.

[쿠팡윙 판매자센터 가입 방법]

① 쿠팡윙 판매자센터(wing.coupang.com) 가입

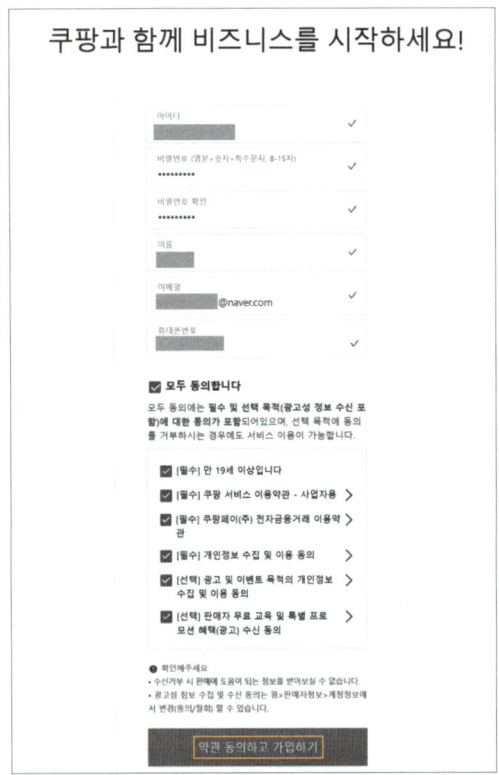

쿠팡에 입점하기 위해서는 '쿠팡윙 판매자센터'에 가입해야 한다. 쿠팡에서 사용할 아이디와 비밀번호, 이름, 이메일, 휴대폰 번호를 입력하고 약관에 동의하면 가입이 완료된다.

② 사업자 인증하기

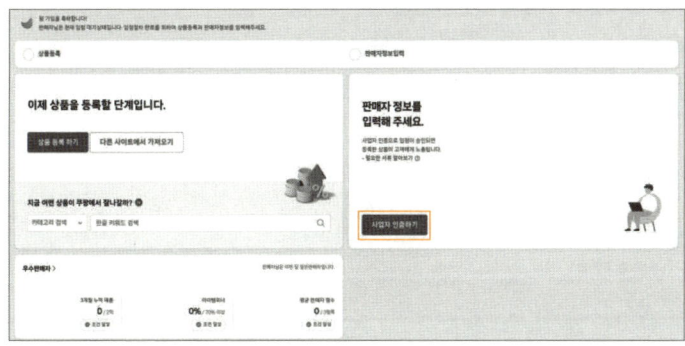

쿠팡에 입점하여 상품 등록에 앞서 판매자 정보를 입력해야 한다. 쿠팡윙 판매자센터 메인화면에서 '사업자 인증하기'를 클릭한다.

③ 사업자 정보입력

```
사업자 정보입력

ⓘ 쿠팡 입점 전에 준비해주세요!
  - 사업자신고(사업자등록증) 및 통신판매업신고(통신판매업신고증)은 입점 전에 미리 준비해주세요.
  - 그 외 필요 서류가 있을 경우 입점 진행 과정에서 필요 시 별도로 요청드립니다.
  - 입점 신청을 위하여 제출하신 정보 및 자료는 최종 업데이트일 또는 입점 거절 통보일로부터 90일 경과 후 삭제됩니다.

  [쿠팡 입점 가이드 확인하기]   [사업자신고 방법 확인하기]   [통신판매업신고 방법 확인하기]

기본정보

사업자등록번호   [- 없이 입력]   [인증하기]
                ● 인증해주세요.

대표자 명       [대표자 명]    [인증하기]

상호           [상호]

사업장 주소     [우편번호]    [주소검색]
              [기본주소]
              [상세주소]
              ⚠ 통신판매업신고증 내 동일한 주소를 입력해주세요.

비즈니스 형태 ●  [선택해주세요     ∨]
              ● 비지니스 형태를 선택해주세요.

대표 카테고리   [선택해주세요     ∨]

통신판매업신고번호 [통신판매업신고번호]

통신 판매업 신고방법 자세히 알아보기
1. 쿠팡에서 구매안전서비스 이용 확인증 을 내려받습니다.

[⬇ 구매안전서비스 이용 확인증 다운로드]
```

사업자등록번호, 대표자명, 상호, 사업장 주소 등을 사업자등록증과 동일하게 입력하면 된다. 필수 서류로는 사업자등록증, 통신판매업 신고증, 통장 사본 등이 필요하다.

또한, 이 단계에서 통신판매업 신고를 할 때 필요한 '구매안전서비스 이용 확인증'을 간단히 발급받을 수 있다.

④ 구매안전서비스 이용 확인증 발급

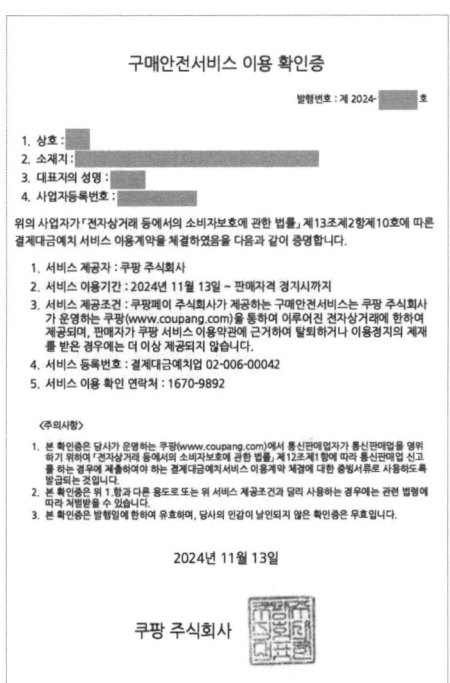

사업자 정보입력 단계에서 '구매안전서비스 이용 확인증 다운로드'를 클릭하고 구매안전서비스 이용 확인증을 발급받는다. 모든 정보를 입력했다면, 입점 승인까지 보통 1~2일 정도 소요된다. 입점 승인이 완료되지 않아도 상품 등록은 가능하기 때문에, 미리 상품 등록을 하면서 입점 승인을 기다리면 된다.

[쿠팡의 3가지 판매 방식]

쿠팡 입점 신청을 마무리했다면, 이제는 쿠팡에서 판매하는 방식을 결정해야 한다. 쿠팡은 쿠팡윙, 로켓배송, 로켓그로스 등 크게 세 가지 판매 방식이 있고, 판매 방식에 따라 장단점이 존재한다.

쿠팡에 입점하여 상품을 판매하려는 셀러는 자신이 판매하려는 상품, 판매 전략, 성장 가능성 등을 고려하여 적합한 판매 방식을 선택해야 한다.

① 쿠팡윙

쿠팡의 가장 기본적인 판매 방식인 쿠팡윙은 상품 등록, 포장, 배송, 고객 응대까지 전 과정을 판매자가 직접 담당하는 방식이다.

쿠팡윙은 비교적 진입장벽이 낮고, 위탁 또는 소량 사입으로 운영하기 적합하다. 하지만 로켓배송 제품에 비해 노출이 불리할 수 있다.

쿠팡윙의 수수료는 카테고리에 따라 다르지만 보통 4~11% 수준이며, 별도의 물류비나 보관비는 발생하지 않는다. 전체 운영을 셀러가 직접 해야 하므로, 시간과 수고는 더 들지만 비용은 가장 단순한 구조이다.

② 로켓배송(로켓제휴)

로켓배송은 쿠팡이 판매자의 상품을 직매입하는 구조로, 이후 주문이 들어오면 쿠팡이 직접 포장, 배송, 고객 응대까지 모든 과정을 전담한다.

배송 신뢰도가 높고 '로켓배송'이라는 표시 덕분에 구매 전환율과 상품 노출에 유리한 점이 크다.

다만, 쿠팡윙이나 로켓그로스에 비해 입점 심사가 까다롭고, 일정 수준 이상의 재고 확보 및 품질 기준 충족이 요구된다. 판매자는 쿠팡에 납품하는 형태이기 때문에, 일단 상품이 입고되면 쿠팡이 이후 과정을 전담하지만, 단가 협상에서 마진 확보가 어려울 수 있다.

③ 로켓그로스

로켓그로스는 판매자가 상품을 쿠팡 물류센터에 미리 입고해두고, 고객 주문이 들어오면 쿠팡이 보관부터 포장, 출고, 반품, 고객 응대까지 모든 과정을 대신 처리해주는 방식이다. 노출 면에서는 '로켓그로스' 표시가 붙어 로켓배송과 유사한 효과를 누릴 수 있어 구매 전환율에 유리하다.

비용 구조는 조금 더 복합적이다. 카테고리별로 4~11% 수준의 판매 수수료 외에도, 입출고비, 배송비, 보관비, 반품 회수 및 재입고비 등이 별도로 발생한다.

예를 들어, 상품을 입고한 뒤에는 기본 30일의 무료 보관 기간이 있지만, 그 이후에는 상품의 부피와 보관 기간에 따라 비용이 계속 누적된다. 반품도 월 20건까지는 무료지만, 초과 시에는 상품 크기와 상황에 따라 회수비, 반출비, 재입고비가 따로 부과된다.

로켓배송과 로켓그로스의 차이는 '상품 소유권'과 '판매 구조'에 있다.

로켓배송은 쿠팡이 상품을 매입해 자체적으로 판매하는 반면, 로켓그로스는 판매자가 소유한 상품을 쿠팡이 대신 보관하고 배송만 대행하는 구조다.

로켓배송과 로켓그로스 둘 다 빠른 배송이 가능하지만, 진입 방식과 조건, 비용 구조에는 차이가 있으므로 자신의 상황에 맞게 선택하는 것이 중요하다.

쿠팡의 단점 중 하나는 정산 주기가 늦다는 점이다. 정산 방식은 '주정산'과 '월정산'으로 나뉘지만, 실제로는 어떤 방식이든 최종 입금까지 평균 두 달 정도 걸린다고 보는 것이 마음 편하다. 그래서 쿠팡 셀러들 사이에서는 "자금 순환이 막힌다"라는 이야기가 자주 나온다. 매출이 늘어날수록 물류센터에 채워야 할 재고도 늘어나기 때문에 쿠팡의 늦은 정산 속도는 현금흐름을 어렵게 만드는 원인이 된다.

그래서 쿠팡을 통해 판매를 시작하려면 정산 구조를 정확히 이해하고, 사입 비용이나 재고 운영에 대한 자금 계획을 미리 세워두는 것이 필요하다.
그럼에도 불구하고 쿠팡은 대규모 고객 유입과 빠른 매출 전환이 가능하기 때문에 판매 구조를 이해하고 전략적으로 접근한다면 셀러들에게 매우 매력적인 판매채널이 될 수 있다.

3부

사입판매와 시행착오

1
방 한 칸에서 시작된 사업의 첫걸음

고민 끝에 사입판매를 결심했지만, 마음 한편에는 여전히 두려움이 자리하고 있었다. 가장 큰 걱정은 재고였다. 당시에는 사무실도 없이 집 안에서 모든 것을 해결해야 했고, 육아와 병행하는 삶 속에서 물건을 보관할 공간조차 마땅치 않았다.

무엇보다 사입판매는 위탁판매와 달리 '안 팔리면 전부 내 손해'라는 점에서 심리적 부담이 컸다. 처음부터 너무 많은 상품을 들여놓기엔 공간도 마음의 여유도 부족했다.

그럼에도 사입판매를 선택한 것은 위탁판매만으로는 더 이상 성장할 수 없다는 것을 뼈저리게 느꼈기 때문이다.

위탁판매는 늘 도매처 재고에 휘둘려야 했고, 느린 발주 속도에 발만 동동 구르기 일쑤였다. 상품에 문제가 생겨도 내가 손쓸 수 있는 부분이 많지 않았고, 고객 응대에서 오는 스트레스는 온전히 내 몫이었다.

그래서 더 간절하게 바랐다. 내가 통제할 수 있는 구조, 내가 직접 보고 만지고 포장해서 내보내는 상품. 그렇게 고객과의 신뢰를 쌓아가고 싶었다.

단순한 수익이 아닌, 진짜 '내 물건'을 팔고 싶었다.

중국 도매 사이트인 1688도 처음으로 둘러보기 시작했다. 처음에는 샘플 수준으로 아주 소량만 사입을 했다. 아직 팔리지도 않은 물건을 먼저 들여놓는다는 것이 겁났고, 집도 좁아 많은 양을 둘 수 없었다.

그렇게 조심스럽게 시작한 사입이 조금씩 구체적인 그림을 그려가던 무렵, 2023년 7월에 더 넓은 집으로 이사를 가게 되었다. 새집에는 방이 하나 더 있었기 때문에, 남편에게 양해를 구하고 그 방을 나만의 작업 공간으로 꾸몄다.

철재 선반과 책상, 노트북을 들여놓은 그 작은 방은 단순한 '작업 공간'을 넘어 나에게 '사업가'로서의 자리를 만들어준 시작점이었다.

여전히 육아와 사업을 병행하고 있었지만, 이제는 이 방에서 진짜로 일하고 있다는 실감이 들었다. 그렇게 나만의 방구석 사무실이 시작되었다.

공간이 마련되자 자연스럽게 물류에 대한 고민이 따라왔다. 가장 먼저 해결하고 싶었던 것은 택배 문제였다.

그동안은 편의점 택배나 우체국 방문택배를 주로 이용해왔는데, 박스를 들고 편의점까지 나가는 것이 꽤나 번거로웠고, 우체국 방문택배는 가격이 부담스러웠다. 하루 3~5건 정도의 소량 주문만이 발생하는 상황이었지만, 이제는 본격적으로 택배 계약을 맺고 싶다는 생각이 들었다.

처음에는 네이버 카페를 통해 견적을 받아보기도 했지만, 오히려 너무 많은 업체에서 연락이 와서 결정하기가 쉽지 않았다. 그래서 방향을 바꿨다.

집으로 택배를 수거하러 오시는 기사님들에게 직접 이야기를 꺼냈다. 지금은 물량이 적지만, 앞으로는 반드시 늘릴 계획이라는 점을 솔직하게 말씀드렸다.

다행히도 몇몇 기사님이 진지하게 이야기를 들어주셨고, 그중 두 분이 대리점과의 연결을 도와주셨다. 그렇게 한 곳과 실제로 계약을 체결하게 되었다.

알고 보니 각 지역에는 여러 택배 대리점이 있고, 조건만 맞는다면 소규모 셀러와도 계약이 가능했다. 나는 물량이 거의 없는 상황이었음에도 택배 크기와 상관없이 건당 2,450원이라는 조건으로 계약할 수 있었다. 아무것도 없던 나에게 이런 제안을 해준 대리점에게 지금도 고마운 마음이다.

이후 사무실을 따로 두게 되면서 대리점을 변경하게 되었지만, 집에서 일하던 당시 그 계약은 내게 큰 도움이 되었다. 무엇보다 택배 계약을 맺고 나니 '이제 진짜 제대로 해보자' 하는 의지가 더 강해졌다.

물량도 자연스럽게 늘어났고, 택배 시스템이 안정되니 일하는 흐름도 한층 효율적으로 바뀌었다.

지금 돌이켜보면, 처음엔 너무 작고 소박했던 시작이었다. 하지만 그 작고 소박한 시작이 있었기에 지금의 성장이 가능했다. 처음엔 너무 두렵고 망설여졌지만, 그때 용기 내어 한 걸음 내디뎠던 그 순간이 내 사업의 중요한 전환점이 되어주었다.

2 매출 7,000, 순수익 700, 그리고 마이너스 통장

아이가 어린이집에 다니기 시작하면서 시간적인 여유가 생겼고, 방 한 칸을 사무실로 꾸미는 것과 함께 택배 계약도 체결했다. 준비는 끝났다. 이제는 본격적인 사입판매에 뛰어들 차례였다.

사입판매를 시작하면서 나는 하나의 목표를 세웠다. 순수익 월 1,000만 원, 그리고 그 목표를 달성하면 공무원을 그만두겠다고 결심했다.

단순히 감정적인 결단은 아니었다. 위탁판매 시절, 매출은 매달

1,000만 원에서 2,000만 원 사이를 오갔지만, 정작 손에 남는 것은 매출의 10% 남짓이었다. 공무원으로 일할 때는 매출이 곧 수익이라고 생각했지만, 사업을 하면서 매출은 매출일 뿐 순수익은 마이너스일 수도 있다는 것을 몸으로 배웠다.

그때부터 나는 매출이 아니라 '순이익'에 집중하기로 마음먹었다. 월 매출 1억 원이 되기 전까지는 결국 버틸 수 있는 힘은 순수익이라는 것을 깨달았기 때문이다.

그리고 순수익 월 1,000만 원은 나에게 중요한 기준선이었다. 안정적인 공무원이라는 직업과 연금까지 내려놓고도 후회하지 않을 수 있는 기준, 그 기준이 나에게는 퇴사라는 인생의 큰 결정을 내릴 수 있는 척도였다.

그날부터 매일같이 새로운 상품을 소싱하고, 손으로 만들 수 있는 간단한 제작 상품도 시도해봤다. 육아휴직이 끝나 복직하기 전까지 목표를 반드시 달성해야 한다는 압박감 속에서 하루하루를 보냈다.

아이가 어린이집에 가 있는 시간 동안은 일에 몰두했고, 돌아오면 다시 육아에 집중했다. 아이가 잠들고 나면 새벽까지 컴퓨터 앞에 앉아 있었다. 하루에 겨우 4시간을 자며 달린 날도 많았다. 그야말로 악으로 깡으로 버텼던 시기였다.

그러던 중, 새롭게 소싱한 상품 하나에서 대량 주문이 들어오기 시작했다. 시기적으로 뉴스에서 크게 보도된 사회적 이슈와 관련된 제품이었고, 그 흐름에 따라 준비했던 것이 주문으로 이어졌다.
특히, 두 군데 업체에서 대량 주문이 들어오면서 사입판매를 시작한 지 3개월쯤 된 2023년 10월에 처음으로 순수익 700만 원을 기록했다.

먼저 연락 온 A 업체에서 재고 200개가 있는지 문의를 해왔다. 이상하게도 이번 건은 그냥 단순 문의가 아닐 것이라는 느낌이 강하게 들었다. A 업체뿐만 아니라 다른 업체에서도 곧 대량 주문이 들어올 것 같다는 직감이 들었다.
나는 전화를 끊자마자 바로 중국으로 주문을 넣었다. 재고가 부족해 기회를 놓치는 일을 만들고 싶지 않았다.

그렇게 1,000개를 추가 사입했다. 예상대로였다. A 업체는 수량을 300개로 정정해 정식 주문을 넣었고, 며칠 뒤 B 업체에서는 800개의 대량 주문이 들어왔다.

하지만 문제는 납기 기한이었다. B 업체는 여유가 있었지만, A 업체의 납기 기한은 촉박했다. A 업체의 사업자명이 특이해 검색해봤더니, 학교나 공공기관에 각인된 물건을 납품하는 업체였다. 즉, 대량 수요가 꾸준히 발생할 가능성이 높은 '좋은 고객'이었다.

이 거래를 잘 성사시켜야 앞으로의 기반도 생길 수 있겠다는 생각에 마음은 더 급해졌다.

하지만 예상보다 물건 입고는 늦어졌고, 납기일은 코앞으로 바짝 다가왔다. 결국, 토요일이 되어서야 물건은 도착했고, 납기일을 맞추기 위해서는 다음날인 일요일 아침부터 아이를 데리고 남편과 함께 부천까지 납품을 하러 가야만 했다.

가족이 함께 박스를 싣고 부지런히 움직였던 그날의 풍경은 지금도 선명하게 떠오른다. 그렇게 간신히 납기일을 맞출 수 있었고, 무사히 첫 대량 납품을 마칠 수 있었다.

다행히도 그 거래는 일회성으로 끝나지 않았다. 해당 업체는 이후로도 꾸준히 대량 주문을 해오는 단골 고객이 되었다.

이 기세를 몰아 다른 사입 상품들도 추가로 히트를 기록했다. 그렇게 2023년 12월, 나는 처음으로 월 매출 약 7,000만 원을 달성했다. 믿기 어려운 숫자였다.
그런데 이상한 일이 벌어졌다. 매출은 분명히 늘었는데, 통장 잔고는 오히려 마이너스가 되어 버린 것이다.

연말 시즌, 선물 수요가 급증하면서 주문이 밀려들었고, 재고 확보를 위해 더 많은 사입을 진행했다. 중국에서 물건을 주문하면 한국에 도착하기까지 시간이 걸리기 때문에, 수요보다 먼저 넉넉하게 사입해야만 했다.
그런데 일부 판매채널은 정산이 늦게 들어오는 구조였고, 돈이 들어오기 전에 이미 새로운 재고를 주문해야 했다. 그 결과, 현금흐름에 구멍이 생기기 시작한 것이다.
위탁판매를 하면서 모아둔 돈으로 사입판매를 시작할 때, 준비자금으로 1,000만 원을 마련해뒀지만 어느새 마이너스 통장으로 물건을 사입하는 상황이 되어 버린 것이었다.

매출이 늘어나는 것은 분명 반가운 일이었지만, 마냥 기뻐할 수만은 없었다.

진짜 고민은 이때부터 시작됐다.

3
공간의 한계를 넘어, 3PL 물류센터 계약

마이너스 통장도 문제였지만, 그보다 더 시급했던 것은 공간의 한계였다.

그동안은 집에서 일하며 중국에서 사입한 물건을 그대로 집으로 받아왔는데, 매출이 오르면서 사입하는 물건의 양이 급격히 늘어나기 시작했다.

처음에는 어떻게 감당할 수 있을 줄 알았다. 지하주차장에서 박스를 받아 집으로 옮기고, 거실에 펼쳐서 포장한 뒤, 다시 박스로 옮겨 방 안에 쌓아두는 식이었다.

하지만 곧 방구석 사무실 방 한 칸으로는 턱없이 부족해졌고, 복도와 거실까지 박스로 채워지기 시작했다.

집에 있는 모든 공간을 활용해도 물건을 쌓아둘 자리가 부족하게 되면서, 결국 일주일 간격으로 물건을 나눠 받기 시작했다.
문제는 중국 사입이 언제 물건이 도착할지 정확한 예측이 어렵다는 것이었다. 인천항 도착 날짜도, 통관 여부도, 물건이 내 손에 들어오는 시점도 들쑥날쑥했다.
물건이 곧 들어올 것 같으면 2~3일간 아무 일정도 제대로 잡지 못한 채 대기해야만 했고, 그사이 나는 정작 중요한 일들(소싱, 기획, 마케팅 등)은 하나도 하지 못하고, 물건을 받고 포장하는 일에만 매달리게 되었다.

매출이 높아져서 기쁘기도 했지만, 그만큼 밥 먹을 시간도 없이 하루 종일 택배만 싸는 날들이 이어졌다. 팔린 만큼 다시 사입해야 하니 자금은 빠르게 빠져나갔고, 판매채널의 정산은 느리기만 했다.
몸도 지치고, 마음도 점점 지쳐갔다.

무엇보다 괴로웠던 것은 정작 중요한 일에 쓸 시간이 점점 사라지고 있었다는 점이었다. 내가 정말 집중해야 하는 것은 소싱, 마케팅, 기획 같은 일이었지만, 현실은 매일같이 택배 박스를 접고 포장을 하느라 하루가 다 지나갔다.

아이와 함께 보내는 시간도 점점 줄어들었다. 먼지로 가득한 집 안에서 아이는 혼자 놀고 있었고, 나는 그 옆에서 묵묵히 포장 작업을 이어갔다. 환기를 시켜도 먼지를 완전히 없앨 수는 없는지 어린 아이는 감기를 달고 살았다.

이 일을 시작할 때, 내가 상상했던 모습은 이런 게 아니었다. 일과 육아, 두 가지를 균형 있게 해내는 나의 모습을 그렸지만, 현실은 점점 그 기대에서 멀어지고 있었다.

가끔 택배 물량이 너무 많을 때는 알바를 구해 집에서 함께 포장하기도 했다. 하지만 집에 낯선 사람을 들이는 것 자체도 부담스러웠다. 나의 공간이자 아이의 공간인 이곳이 점점 택배 작업장처럼 느껴지기 시작했다.

일하러 오신 분에게도 미안한 마음이 들었다. 어느 날, 알바로 오신 분이 집 앞에 도착해 전화를 하며 "이제 일하러 들어간다"

라고 말하는 것을 우연히 듣게 되었다. 나중에 함께 포장을 하면서 그 이야기를 농담처럼 꺼내긴 했지만, 속으로는 마냥 웃을 수만은 없었다.

그 순간 느꼈다. 나만 불편함을 느낀 게 아니었구나. 사건사고도 많은 세상에 집이라는 사적인 공간으로 누군가를 들인다는 것은 누구에게나 부담스러운 일이었을지 모른다.

이제는 정말 다른 방법을 찾아야겠다는 생각이 들었던 날이었다.

그래서 결심했다. 3PL 물류창고와 계약을 맺기로.

당시 나는 다양한 품종의 상품을 사입해 판매하고 있었기에 모든 제품을 한꺼번에 3PL로 넘기긴 어려웠다. 부피가 크거나 마진이 높은 상품 위주로 먼저 3PL에 맡기고, 판매가가 낮고 마진이 적은 상품은 여전히 집에서 직접 포장했다.

혼합 운영 체계는 손이 두 번 가는 번거로움이 있었지만, 전체적인 부담은 확실히 줄어들었다.

3PL 계약 이후, 나는 다시 '셀러'가 아닌 '운영자'로 돌아올 수

있었다.

포장에 쏟던 에너지를 다시 소싱과 기획에 쓸 수 있게 되었고, 무엇보다 아이와 함께 보내는 시간이 회복되었다.

공간과 시간, 둘 다를 되찾게 된 이 변화는 내게 두 번째 전환점이 되었다.

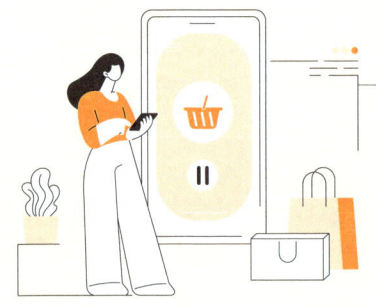

4
마진을 남기는 구조에 대한 고민

처음으로 월 매출 7,000만 원을 찍었을 때, 나는 벅찬 감정을 느낄 틈도 없었다. 매출은 역대 최고였지만, 정작 통장 잔고는 마이너스였기 때문이다.
'내가 지금 뭘 잘못하고 있는 걸까?'
머릿속이 복잡해져만 갔다.

물론 위탁판매를 할 때보다 마진은 더 남았다. 위탁판매의 마진은 평균 10% 정도였던 반면, 사입판매로 전환한 이후로는 마진율이 20~30%까지 올라갔다.

그런데 이상하게도 물건을 사고 나면 또다시 통장은 비워졌다.

매출은 오르는데 내 손에 남는 돈은 없었다. 그렇게 내 손에 남지 않고 '돈이 돌기만 하는 장사'가 한동안 이어졌다.
연말이 지나자 매출은 절반 가까이 줄어 평균 3,000만 원 수준으로 떨어졌다. 이전에 비하면 여전히 높은 수치였지만, 나는 우리나라 설날과 같은 중국 명절 기간을 대비해 주문을 미리 해둬야 했다.
결국, 더 많은 재고를 들여놓고 준비해야 했고 그렇게 돈은 계속 빠져나갔다.

상품을 사입하고, 택배비를 지불하고, 세금 낼 시기가 돌아오면 언제 그랬냐는 듯 통장 잔고는 바닥을 찍었다. 돈은 분명 돌고 있었지만, 그 흐름 속에서 나에게 남는 것은 거의 없었다.
이쯤 되자 확실히 느꼈다. 단순히 '더 많이 소싱하고, 더 많이 팔면 된다'는 식의 접근은 한계가 있었다.
위탁판매보다 나을 줄 알았던 사입판매도 마진이 낮은 상품을 계속 취급하다 보니 결국 비슷한 상황에 부딪혔다.

그때 처음으로 말로만 듣던 "돈맥경화", "흑자도산"이라는 말이 실감났다.

이제는 정말 '남는 장사'를 고민해야 할 때였다.

그래서 시작한 것이 '마진 구조 분석'이었다. 단순히 '팔리는 상품'이 아니라, '얼마를 남기고 있는 상품인지'를 보기 시작했다. 상품별 원가부터 시작하여 물류비, 수수료, 심지어 포장 자재비까지 하나하나 다 정리했다. 엑셀을 열어보면 머리가 지끈거릴 정도였지만, 이 작업을 거치며 조금씩 수익 구조가 보이기 시작했다.

당시 어떤 상품은 한 채널에서만 월 매출이 1,000만 원 가까이 나왔지만, 실제 마진율을 15%에 불과했다. 반면, 어떤 상품은 많이 팔리진 않아도 마진이 높아서 전체 수익에 꽤 큰 기여를 하고 있었다.

그래서 나는 결단을 내렸다. 마진이 낮은 상품 중 일부는 과감히 판매를 중단했다. 대신, 마진율이 높거나 내가 통제할 수 있는 상품의 비중을 늘려보기로 했다.

이때부터 나는 단순 사입판매에서 한 걸음 더 나아가, 인증 상품 중심으로 방향을 틀기 시작했다.

예전 위탁판매 시절부터 유아용품을 다뤄온 경험이 있어서 자연스럽게 어린이 KC인증을 받았고, 화장품 책임판매업 등록도 진행했다. 처음에는 모든 것이 생소하고 복잡했지만, 하나하나 시도해보다 보니 점차 나만의 상품이 생기기 시작했다.

이 방식은 단순히 마진을 높이는 데서 그치지 않았다. 경쟁자들이 쉽게 따라오지 못하는 진입장벽이 생겼고, 가격이 아닌 '가치'를 중심으로 한 판매 전략을 짤 수 있는 기반이 생겼다.

물론, 과정은 쉽지 않았다. 생산단가, MOQ(최소 주문 수량), 인증 절차, 책임판매 등록 등 알아야 할 것도 해야 할 일도 많았다. 하지만 나는 꾸준히 시도했고, 실패하더라도 그 안에서 길을 찾았다. 그렇게 한 발, 또 한 발 앞으로 나아갔고, 점점 '남는 장사'에 가까워졌다.

그 시기 나는 사업에서 가장 중요한 것을 배웠다.

얼마나 팔았느냐가 아니라 얼마를 남겼느냐.

그게 바로 이 일이 '계속할 수 있는 일'이 되느냐를 결정짓는 기준이었다.

5

나에게 맞는 길을 찾아서, 차별화 전략의 시작

처음부터 억지로 새로운 무언가를 찾으려 애쓴 것은 아니었다. 오히려 내가 해오던 일들이 자연스럽게 확장되는 흐름 속에서, 조금씩 나만의 길이 만들어지기 시작했다.

기존에 판매하던 제품군에서 이어진 관심과 경험, 그리고 한 단계씩 쌓아 올린 노력들이 차별화의 기반이 되었다.

임신한 상태에서 온라인 셀러라는 일을 시작했기에, 임신 중에도 출산 이후에도 나의 관심은 줄곧 유아용품에 머물러 있었다. 처음에는 유아용품을 위탁판매로 판매하며 경험을 쌓았다면,

이제는 위탁판매가 아닌 사입판매로 본격적인 판매를 해보고 싶었다.

하지만 유아용품을 직접 사입하여 판매하려면 '어린이 KC인증'이라는 벽을 넘어야 했다.

출산율이 줄어들고 있다고는 하지만, 엄마들이 아이에게 좋은 제품을 사주고 싶어 하는 마음만큼은 변하지 않는다. 물론 KC인증을 받는 데 드는 비용은 적지 않았고, 인증까지 마친다고 해서 반드시 잘 팔린다는 보장도 없었다.

그래도 잘만 소싱해서 인증을 무사히 마친다면, 충분히 승산이 있다고 판단했다.

사실 확신이 있던 것은 아니었다. 그래서 최대한 비용을 줄일 수 있는 방법을 먼저 고민했다.

대부분의 셀러들이 인증 대행사를 이용한다고 했지만, 나는 직접 해보기로 마음먹었다. 비용도 아끼고, 무엇보다 이런 과정을 직접 겪어두면 언젠가 꼭 도움이 될 것 같았다.

한국제품안전관리원 사이트를 뒤지고, 인증기관에 전화를 걸어가며 하나하나 절차를 익혀갔다. 그렇게 어린이 KC인증을 처음부터 끝까지 내 손으로 직접 받아냈다.

엄마들은 본인의 물건은 아껴도 아이의 물건은 기꺼이 산다. 나 역시 아이를 키우면서 아이가 사용할 물건을 고를 때면 더 신중하고 꼼꼼해졌다. 어떤 게 더 편한지, 어떤 게 안전한지, 무엇이 필요한지 직접 써보며 알게 됐고, 그 경험이 곧 판매의 전략과 방향이 되어주었다.

여자의 감성과 육아의 경험은 자연스럽게 상품 선택과 기획으로 이어졌고, 그렇게 기획한 제품은 상표권을 등록해 브랜드처럼 보이도록 꾸미기 시작했다.
그렇게 해서 나만의 상품이 하나둘씩 생겨나기 시작했다.

그 이후로 계절성 제품을 팔아보고 싶은 마음이 생겼는데, 이번에는 '화학 KC인증'이 필요했다.
받아본 적 없는 인증이었지만, 이미 한 번 어린이 KC인증을 직접 받아본 경험이 있었기에 이번에도 해볼 수 있겠다는 자신감이 생겼다.

자료를 준비하는 속도도 빨라졌고, 절차도 한층 익숙하게 느껴졌다. 결국 화학 KC인증도 대행사 없이 직접 인증을 마칠 수 있었다.

또 한 번의 전환점은 쿠팡에서 잘 팔리던 제품이 갑자기 '공산품'에서 '화장품'으로 분류가 바뀌면서 찾아왔다.
이전까지는 아무 제약 없이 수입할 수 있었지만, 이제는 '화장품 책임판매업 등록증'을 가진 사람만 해당 상품을 수입할 수 있게 된 것이다. 나는 고민 끝에 화장품 책임판매업 등록을 진행하기로 했다.

그동안의 인증 경험이 없었다면, 아마 그냥 판매를 포기했을지도 모른다. 하지만 나는 이 상품이 가진 매력을 잘 알고 있었고, 화장품 관련 등록 요건과 수입 요건을 갖춘 사람만 판매할 수 있다는 희소성 또한 분명히 느끼고 있었다.

화장품 책임판매업 등록을 마친 뒤에는 중국에서 제조공장을 찾아야 했다. 이 과정이 특히 오래 걸렸는데, 공장을 찾고 요건을 갖추는 데만 무려 6개월이 걸린 것이다. 하지만 공장을 찾았다고 끝은 아니었다.

수입을 위해서는 매번 '표준통관예정보고'라는 신고서를 작성하여 제출해야 했다. 처음에는 이 절차가 너무 생소하고 복잡하여 대행사를 이용했지만, 한 번 수입할 때마다 들어가는 10만 원 이상의 대행비가 점점 부담이 되었다.

결국, 이 작업마저도 직접 배우기로 마음 먹었다.

물건만 잘 팔면 될 줄 알았는데, 어느새 나는 인증, 수입, 통관까지 직접 경험하며 셀러의 일이라는 것이 얼마나 다층적인지를 몸소 깨닫고 있었다.

이 모든 과정이 고되고 복잡했지만, 그만큼 얻는 것도 많았다. 이러한 경험은 나에게 '나만의 자산'이 되고 있었다.

단순히 제품을 소싱해서 판매하는 구조에서 벗어나, 인증부터 통관까지 내가 직접 통제할 수 있는 구조가 만들어진 것이다. 덕분에 광고 없이도 꾸준히 팔리는 제품이 생겼고, 도매 요청이나 대량 주문도 점점 들어오기 시작했다.

경쟁자가 쉽게 따라올 수 없는 구조. 이것이 바로 진입장벽이었고, 내가 원하던 '차별화'였다.

새로운 것을 억지로 찾지 않아도 괜찮았다. 이미 내가 해오던 일 속에서 한 발 더 깊이 들어가는 것만으로도 충분했다.

그렇게 나는 조금씩 내 상품의 판매가격과 마진을 스스로 통제하고 조정할 수 있는 상태로 성장해나가고 있었다.

4부

위탁판매와 사입판매: 판매 방식의 이해

1
위탁판매 vs 사입판매, 나에게 맞는 판매 방식은?

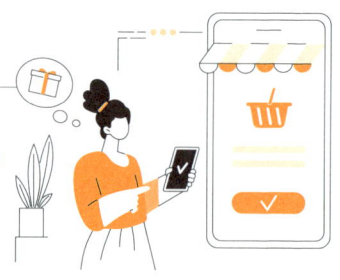

앞선 과정을 거치며 나는 온라인 셀러로서의 성장을 차근차근 경험했다. 처음에는 위탁판매로 시작했고, 이후 사입판매로 넘어갔으며, 다시 제품 인증을 거치며 나만의 상품을 구축하기에 이르렀다.

지금은 한 단계 더 나아가 브랜드를 세우는 것을 목표로 하고 있다.

그렇다면 온라인 셀러가 처음 판매를 시작할 때, 어떤 방식으로 출발하는 것이 좋을까?

이 질문에 대한 답은 단순하지 않다. 각자의 상황과 자금 사정, 그리고 목표에 따라 달라지기 때문이다. 다만 방향을 정하기 전에 반드시 알아야 할 것이 있다.

바로 위탁판매와 사입판매가 무엇인지, 그리고 위탁판매와 사입판매의 장단점은 무엇인지에 대한 명확한 이해다.

[위탁판매란 무엇인가?]

위탁판매는 판매자가 상품 재고를 직접 보유하지 않는 방식이다. 고객이 주문을 하면 판매자는 공급처(도매처)에 발주를 넣고, 공급처가 상품을 직접 고객에게 배송한다. 셀러는 일종의 중계자 역할을 하는 것이다.

이 방식은 다음과 같은 경우에 적합하다.

- 온라인 판매를 처음 시작하는 입문자
- 초기 자본금이 적고 리스크를 최소화하고 싶은 경우
- 부업으로 운영하며 배송을 직접 처리하기 어려운 경우
- 여러 상품을 빠르게 테스트해보고 싶은 경우

위탁판매의 가장 큰 장점은 초기 부담이 거의 없다는 것이다. 상품을 미리 사입하지 않아도 되고, 창고나 보관 장소도 필요 없다. 포장과 배송까지 공급처가 처리해주기 때문에 물리적 노동도 줄어든다.

하지만 단점도 분명하다. 도매가와 판매가 차이가 적어 마진이 낮고, 누구나 쉽게 시작할 수 있어 경쟁도 치열하다. 또한, 재고 관리나 배송 품질을 판매자가 직접 통제할 수 없어 불만이 발생하면 책임이 판매자에게 돌아온다.

즉. 위탁판매는 리스크가 적어 진입은 쉽지만, 장기적으로는 성장의 한계가 분명한 방식이다.

[사입판매란 무엇인가?]

사입판매는 판매자가 상품을 미리 구매해 재고를 보유한 상태에서 주문이 들어오면 직접 포장하고 배송하는 방식이다.

이 방식은 다음과 같은 경우에 적합하다.

- 위탁판매로 이미 잘 팔리는 상품이 있고, 재고를 보유해 더 높은 마진을 확보하고 싶은 경우

· 자체 브랜드를 만들어 차별화하고 싶은 경우

· 일정 수준의 자금과 보관·물류 여건이 갖춰진 경우

· 빠른 발송과 직접적인 고객 관리가 중요한 경우

사입판매의 장점은 통제권에 있다. 어떤 상품을 판매할지, 어떻게 포장할지, 어떤 방식으로 마케팅할지 등 모든 것을 판매자가 주도할 수 있다.

마진율도 위탁판매보다 높고, 상품에 스토리를 입히거나 브랜드로 확장할 수 있는 가능성도 크다.

그러나 단점 역시 존재한다. 상품을 미리 사입해야 하므로 자금 여유가 필요하고, 재고를 쌓아둘 공간도 필요하다. 또한, 포장과 배송을 직접 해야 하므로 시간과 노동이 위탁판매에 비해 많이 들어간다.

즉, 사입판매는 리스크가 크지만, 그만큼 더 큰 성장과 확장성을 기대할 수 있는 방식이다.

[위탁판매 vs 사입판매]

처음 온라인 판매를 시작하는 사람이라면 위탁판매로 경험을 먼저 쌓는 것이 일반적이다. 위탁판매는 리스크가 거의 없기 때문에, 온라인 판매의 흐름을 이해하고 어떤 상품이 잘 팔리는지 테스트하는 데 적합하다.

그러나 어느 정도 경험이 쌓였거나 꾸준히 잘 팔리는 상품이 생겼다면, 사입판매로 전환하는 것이 유리하다.

재고를 보유하면 더 높은 마진을 확보할 수 있고, 상품을 차별화하거나 브랜드를 만들어 단골 고객을 확보할 수 있기 때문이다.

온라인 셀러라면 현재 자신의 상황과 목표에 따라 두 방식을 적절히 조합해 단계적으로 운영하는 것이 가장 바람직할 것이다.

2
위탁판매를 위한 도매처 찾기

위탁판매를 시작하기 위해서는 가장 먼저 상품을 공급해줄 공급처(도매처)를 찾아야 한다.

판매자가 직접 재고를 보유하지 않고 공급처에서 상품을 배송해주는 구조이기 때문에, 어떤 도매처와 연결되느냐가 곧 사업의 출발점이 된다.

위탁판매로 온라인 판매를 하는 것이기 때문에 공급처 역시 오프라인 도매처보다 온라인에서 알아보는 것이 일반적이다. 온라인으로 찾을 수 있는 대표적인 위탁판매 도매 사이트는 다음과 같다.

· 도매꾹(domeggook.com)

국내 최대 규모의 도매 플랫폼 중 하나이다. 다양한 카테고리의 상품을 위탁판매 방식으로 판매할 수 있다.

· 오너클랜(ownerclan.com)

B2B 배송대행과 위탁판매를 전문적으로 지원하는 플랫폼이다. 오픈마켓이나 스마트스토어 창업자들이 많이 이용한다.

• 온채널(onch3.co.kr)

교육 서비스와 함께 위탁판매를 지원하는 종합몰 성격의 플랫폼이다. 공동구매, 폐쇄몰 입점 등 다양한 형태의 거래도 가능하다.

이러한 종합 도매 사이트 이외에도 특정 상품군에 특화된 카테고리별 도매 사이트도 있다. 예를 들어, 완구류를 취급하는 도매 사이트는 다음과 같다.

- 아이토픽(itopic.co.kr)

- 아기넷(wooriagi.net)

- 토이탑(toybox.kr)

이들 도매 사이트의 가장 큰 장점은 사진과 상세페이지가 함께 제공된다는 점이다. 초보 셀러 입장에서는 상품 사진을 찍거나 상세페이지를 직접 제작할 필요가 없기 때문에, 아무것도 모르는 상태에서도 손쉽게 상품을 등록하고 판매를 시작할 수 있다.

[도매처를 찾는 방법]

앞에서 소개한 도매 사이트에 들어가 보면 상품 종류가 너무 많아 막상 '무엇을 팔아야 할지 모르겠다'라는 고민에 빠지기도 한다.
나 또한 처음 위탁판매를 시작할 때, 같은 고민에 빠졌었다. 이럴 때 참고할 수 있는 방법은 다음과 같다.

① 네이버 카페 활용하기

네이버 카페 등을 찾아보면 도매처를 소개하는 글을 찾을 수 있다. 예를 들어, 네이버 카페 '셀러오션'에서는 '도매 위탁 업체 정보' 목록을 제공한다.
이러한 카페 글들을 잘 찾아보면 경쟁력 있는 상품을 공급해줄 도매처를 손쉽게 찾을 수 있다.

② 구글링으로 전문 도매처 찾기

앞서 언급했듯이 내가 초보 셀러 시절 직접 활용했던 방법이다. 판매하려는 카테고리나 타겟 고객을 선정한 뒤, 구글에서 '○○ 도매', '○○ 도매처', '○○ B2B' 같은 키워드로 검색하면 특정 카테고리만을 전문적으로 취급하는 도매처를 발견할 수도 있다.

③ 직접 경험하며 탐색하기

완벽한 공급처를 찾기 위해 너무 오래 고민할 필요는 없다고 생각한다. 우선 마음에 드는 상품을 골라 등록해보고, 판매를 경험하면서 본인에게 맞는 카테고리와 공급처를 찾고 해당 리스트를 좁혀가는 방식을 추천한다.

3
중국 사입, 글로벌 소싱의 시작점

위탁판매는 국내에서 배송까지 처리해야 하므로 국내 도매처를 주로 사용하지만, 사입판매의 경우 굳이 국내 도매처를 고집할 필요가 없다.

이러한 이유 때문에 공급가가 낮고 다양한 상품군을 보유한 중국 사입을 보통 가장 많이 활용한다.

중국은 '세계의 공장'이라 불릴 만큼 생산 인프라가 발달해 있어, 저렴한 단가로 다양한 상품을 확보할 수 있다.

실제로 많은 셀러들이 중국 도매 사이트를 이용해 사입판매를 운영하고 있으며, 이를 통해 마진을 높이고 차별화된 상품을 만들어 간다.

[중국 도매 사이트 1688]

중국 사입을 할 때 가장 널리 쓰이는 사이트가 1688(1688.com)이다. 알리바바 그룹이 운영하는 중국 도매 플랫폼으로 1688의 장점은 크게 세 가지로 정리할 수 있다.

첫째, 가격 경쟁력이다.
중국 현지 단가가 그대로 적용되기 때문에 국내 도매가와 비교했을 때, 훨씬 저렴한 단가로 상품을 확보할 수 있다.

둘째, 상품의 다양성이다.

생활용품, 패션, 전자기기, 유아용품 등 생각할 수 있는 거의 모든 카테고리의 상품을 1688에서 찾을 수 있다. 마치 거대한 오프라인 도매시장을 온라인으로 그대로 옮겨 놓은 것 같다.

셋째, 소량 구매 가능성이다.
1688에는 최소 주문 수량(MOQ) 제한이 없는 판매자도 많다. 초보 셀러도 1개 단위로 부담 없이 발주하여 테스트 판매로 시장성을 체크할 수 있다.

다만, 몇 가지 장벽도 존재한다. 구글 크롬이나 네이버 웨일 브라우저를 이용하면 한국어 번역이 가능해 상품 탐색은 어렵지 않다. 하지만 기본적으로 중국 사이트이기 때문에 처음에는 낯설고 복잡하게 느껴질 수 있다.
또한, 한국까지 직배송을 지원하지 않는 판매자가 많아 보통은 국제 배송 대행지를 거쳐야 한다. 최근에는 카카오페이 등 해외 결제수단을 일부 지원하기 시작했지만, 모든 판매자가 이를 제공하는 것은 아니다. 여전히 많은 경우에는 중국 계좌나 알리페이와 같은 현지 결제수단이 필요하다.

이러한 이유 때문에 많은 초보 셀러들은 처음부터 직접 결제와 배송을 시도하기보다는 구매대행 사이트를 활용한다.

구매대행 사이트는 셀러가 1688에서 구매를 원하는 상품 링크를 복사해 전달하면, 대신 결제를 진행하고 중국 내 물류창고로 상품을 받아 검수한 뒤 한국까지 배송해주는 서비스를 제공한다.

즉, 구매대행 사이트를 이용하면 결제·검수·배송이라는 복잡한 절차를 한번에 처리할 수 있는 것이다. 초보 셀러 입장에서는 대행 수수료가 붙더라도 안정적으로 상품을 받을 수 있다는 점에서 경험이 쌓일 때까지 충분히 활용해볼 가치가 있는 방법이다.

[중국 도매 사이트 1688 사입 방법]

① 상품 검색

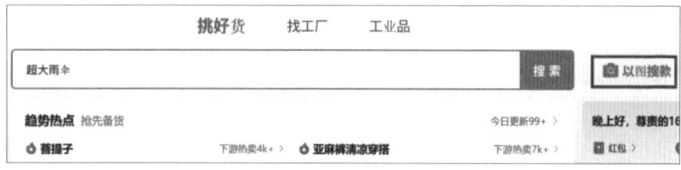

1688 사이트에 접속하면 검색창에 원하는 상품을 입력해 찾을

수 있다. 이때 중국어를 몰라도 크게 문제는 없다. 검색창 우측에 있는 이미지 검색 아이콘을 활용하면 내가 원하는 상품 사진 한 장으로 유사한 상품을 바로 찾아낼 수 있기 때문이다.

② 상품 설명 및 주문 조건 확인

원하는 상품을 찾았다면, 네이버 파파고나 구글 번역기와 같은 번역 도구를 활용해 상품의 상세페이지에 적힌 내용을 한국어로 번역하여 확인할 수 있다.

상품을 선택할 때는 몇 가지 핵심 항목을 반드시 살펴야 한다. 상품 단가, 최소 주문 수량, 배송비, 판매자 리뷰, 평점 등이다. 이러한 요소들을 꼼꼼히 검토해야만 불필요한 리스크를 줄일 수 있다.

③ 판매자와 소통

필요하다면 판매자와 직접 소통하는 것도 가능하다. 상품명 옆에 표시된 '알리왕왕(고객 서비스)'을 클릭하면 판매자에게 메시지를 보낼 수 있고, 위챗 WeChat 어플리케이션을 설치해 대화할 수도 있다.

이를 통해 단가 협상이나 샘플 요청, 대량 주문 조건 등을 보다 구체적으로 조율할 수 있다.

알리왕왕

알리왕왕은 1688, 타오바오, 알리바바 등에서 사용하는 중국의 실시간 채팅 프로그램이다. 판매자와 바로 메시지를 주고받을 수 있어, 상품 문의나 배송 일정, 단가 협상 등 실무적인 대화를 할 때 유용하다. PC와 모바일 앱 모두 사용 가능하며, 로그인만 하면 누구나 무료로 이용할 수 있다.

위챗

위챗은 중국에서 가장 널리 사용되는 메신저 앱으로, 문자뿐 아니라 음성, 영상통화 기능까지 갖춘 통합 플랫폼이다. 1688 판매자들도 대부분 위챗 계정을 가지고 있으며, 알리왕왕보다 빠르고 자유롭게 소통할 수 있는 장점이 있다. 특히 장기 거래를 계획하거나 대량 주문을 협의할 경우에는 위챗으로 대화하는 것이 더 편리하다.

4

처음 사입할 때, 꼭 알아야 할 구매대행 흐름과 비용 구조

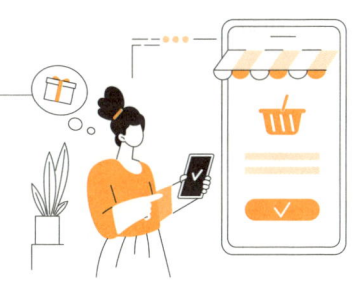

처음 중국 사입을 시작하면 가장 먼저 누구나 부딪히는 고민이 있다. 바로 "얼마에 들여와서 얼마에 팔 수 있을까?" 하는 원가와 마진 계산 문제다.

사입을 준비하며 상품 단가를 보면 아주 저렴해 보이지만, 막상 한국까지 들여오고 나면 비용이 예상보다 훨씬 커져서 당황하는 경우가 많다. 그래서 구매대행을 활용할 경우에는 구매대행의 전체 흐름과 비용 구조를 미리 이해하는 것이 중요하다.

[구매대행의 기본 절차]

초보 셀러 입장에서 중국 사입은 생소하고 복잡하게 느껴질 수 있다. 하지만 전체 흐름을 단계별로 이해하면 막연한 두려움이 줄어든다.

다음은 구매대행을 활용해 중국 상품을 들여오는 전반적인 절차이다.

① 1688에서 상품 탐색 및 링크 복사

판매하고 싶은 상품을 1688에서 찾은 뒤, 해당 상품의 URL을 복사해둔다. 이때 이미지 검색이나 키워드 검색을 활용해 비슷한 상품을 다양하게 비교해보는 것이 중요하다.

② 구매대행 업체에 주문 요청

구매대행 사이트에 접속해 회원가입을 하고, 앞서 복사한 링크와 함께 옵션, 수량, 색상 등을 입력해 주문 요청을 한다. 이 과정에서 예상 견적과 수수료, 중국 내 배송비, 검수 옵션 등을 확인할 수 있다.

③ 중국 내 물류창고 수령 및 검수

중국 판매자가 보낸 상품은 구매대행 업체의 중국 물류창고에 도착하고, 여기서 포장 상태나 수량, 오염 여부 등을 검수한다. 일부 업체에서는 사진 검수 서비스도 제공하므로 처음에는 이 옵션을 활용하는 것이 좋다.

④ 한국으로 국제배송 진행

중국 내 물류창고에서 검수가 끝난 상품은 무게나 부피에 따라 국제 배송비가 측정되고, 이를 결제하면 국내 주소지로 발송된다. 항공/해운 운송 방식을 선택할 수 있으며, 통관을 위해 사업자통관부호가 필요하니 미리 준비해둔다.

⑤ 상품 수령 후 판매 준비

국내 주소지로 상품을 수령하면 다시 포장하거나 촬영을 하고, 스마트스토어 및 쿠팡 등에 상품 등록을 진행해 판매를 시작한다. 상세페이지 제작, 포장재 준비, 배송까지 하나하나 직접 해보면서 익숙해지는 과정이 필요하다.

이처럼 처음에는 다소 복잡하게 느껴지지만, 몇 번 실행해보다 보면 중국 사입의 흐름이 자연스럽게 정리된다. 중요한 것은 모든 단계를 한 번에 잘하려고 하기보다는 하나씩 직접 경험하면서 익숙해지는 것이다.

[비용 계산 방식-위안에서 원화로]

중국 사입에서 가장 중요한 것은 '정확한 사입 단가가 얼마인지' 계산해보는 습관이다.

단순히 상품 단가만 보고 저렴하다고 판단하면 오산이다. 상품 단가에 중국 내 배송비, 구매대행 수수료, 국제 배송비, 그리고 각종 부대비용까지 포함해야 진짜 원가가 나온다.

일반적으로 중국 사입의 비용 구조는 다음과 같이 나뉜다.

- 상품 단가: 10위안 × 5개 = 50위안
- 중국 내 배송비: 판매처에서 중국 내 물류창고까지의 비용. 보통 무료 ~5위안 정도
- 구매대행 수수료: 보통 상품가의 5~10%
- 국제 배송비: 무게 및 부피 기준으로 1kg당 7,000~12,000원 정도

• 기타 부대비용: 통관 수수료, 관부가세 등

중국에서 물건을 사입하는 것이기 때문에, 과정별로 비용이 각각 위안화와 원화로 발생한다. 따라서 원가 계산을 위해 위안화로 발생한 비용을 원화로 바꿔줘야 한다.

모든 비용을 환율을 적용해 바꾸려면 계산이 복잡해 보이지만, 여기에 간단한 팁이 있다. 예를 들어, 1위안당 190원이 기본 환율이라면 기타 모든 비용을 포함해 1위안당 350~400원으로 잡고 상품 단가를 계산하는 것이다.

상품 단가 10위안짜리 물건이라면, 실제 들여오는 총비용은 약 3,500~4,000원이라고 보고 계산하는 것이다. 물론 이 숫자는 구매량, 무게, 수수료에 따라 조금씩 달라질 수 있지만, 보수적으로 계산해두면 나중에 마진이 부족할 일이 생기지 않는다.

나 역시 마진을 계산할 때는 단순한 사입 비용만을 보지 않는다. 세금, 포장재, 인건비, 창고비용 같은 숨은 비용까지 포함해 최대한 보수적으로 계산하고 있다.

그래야 진짜 남는 구조를 만들 수 있고, 사업이 오래 지속될 수 있기 때문이다.

[구매대행 업체를 고를 때 유의할 점]
요즘은 구매대행 사이트도 정말 다양하고 각각의 수수료 정책이나 배송 방식, 검수 시스템 등이 조금씩 다르다.
수수료는 보통 5~10% 사이지만, 상품 가격이 낮을수록 비율이 높게 체감된다. 어떤 업체는 기본 수수료가 저렴하지만 검수 옵션이 유료인 경우도 있고, 반대로 기본 수수료는 다소 높은 것 같지만 합배송이나 보관료를 무료로 제공하는 곳도 있다.

따라서 내가 사입하려는 상품과 물량 등을 고려해 내게 맞는 업체를 고르기 위해 최소 2~3곳의 업체를 이용해보며 비교해보는 것이 좋다.
그리고 가장 중요한 것은 언제든 문의할 수 있도록 소통 창구가 잘 갖춰져 있어야 한다. 소통이 원활할수록 문제가 생겼을 때 대처가 빠르기 때문에, 특히 초보 셀러에게 든든한 지원이 된다.

중국 사입은 단순히 '싸게 사서 비싸게 파는' 일이 아니다. 전체 흐름을 이해하고 원가 구조를 정확하게 계산하는 습관이 쌓여야 진짜 셀러로 성장할 수 있다.

초보 셀러라면 일단 한 번 경험해보는 것, 그리고 경험을 기반으로 계산하고 개선해나가는 것이 가장 좋은 시작이다.

5
나만의 상품 제작: OEM과 ODM의 이해

위탁판매와 사입판매를 거쳐 어느 정도 판매의 경험이 쌓인 셀러라면, 누구나 한 번쯤은 '나만의 상품'을 만들고 싶다는 욕심이 생긴다.

가격 경쟁에서 벗어나고, 브랜딩을 통해 고객에게 신뢰를 주며, 내 제품을 선택하게 만드는 힘. 그것이 바로 ODM, OEM 제작 그리고 자체 개발로 이어지는 이유다.

[ODM: 브랜드만 입히는 가장 쉬운 제작 방식]

ODMOriginal Design Manufacturing은 공장에서 이미 생산하고 있

는 제품에 나의 브랜드 라벨만 붙여 판매하는 방식이다.

예를 들어, 완성된 건강기능식품에 내 브랜드 로고를 넣어 판매하거나, 기존 제품의 스펙은 그대로 두고 포장만 바꾸는 방식이 여기에 해당된다.

초기 진입이 상대적으로 쉽고, 소량부터 제작이 가능한 경우도 많아 나만의 상품을 만들고 싶은 초보 셀러에게 훌륭한 출발점이 된다.

실패 리스크가 낮고, 시장 반응을 빠르게 테스트할 수 있다는 점에서 현실적인 선택이기도 하다.

[OEM: 기획과 설계까지 직접 참여하는 맞춤 제작]

OEMOriginal Equipment Manufacturing은 내가 직접 기획한 제품을 제조업체에 의뢰해 맞춤 제작하는 방식이다.

예를 들어, 내가 구상한 기능이나 디자인을 반영해 텀블러를 생산하거나 원하는 소재와 컬러를 선택해 독자적인 제품을 만들어내는 방식이다.

OEM 제작은 ODM에 비해 기획력과 초기 자본이 조금 더 필요하다. 생산 단가를 낮추기 위해서는 일정 수량 이상을 발주해야 하고, 제품 설계나 샘플링, 금형 제작 등의 과정이 추가되기 때문에 시간과 비용이 더 소요된다.

하지만 그만큼 경쟁력 있는 상품을 만들 수 있고, 브랜드 인지도와 고객 충성도를 높이는 데는 효과적이다.

[자체 개발: 컨셉부터 생산까지, 나만의 브랜드 완성]

OEM이나 ODM보다 한 단계 더 나아간 방식이 바로 자체 개발이다. 기존 제조업체가 제공하는 제품이 아닌 제품의 기획부터 디자인, 기능, 원재료, 패키지, 생산처 선정까지 모든 것을 직접 컨트롤하는 방식이다.

예를 들어, 스킨케어 브랜드를 만들기 위해 성분을 하나하나 비교하고, 제조사와 직접 소통해 생산 조건을 협의한 뒤, 패키지와 브랜드 톤까지 기획해 출시하는 경우가 여기에 해당된다.

단가 협상, 생산 일정 관리, 인증 취득, 테스트 과정까지 포함되기 때문에 시간과 자본이 많이 필요하지만, 완성된 제품은 단순한 '상품'이 아닌 '브랜드 자산'이 된다.

[나에게 맞는 제작 방식은?]

ODM, OEM, 자체 개발. 세 가지 생산 방식 중 어떤 방식이든 중요한 것은 지금 나의 상황과 역량에 맞는 방식부터 시작하는 것이다.

초보 셀러라면 ODM으로 시장 반응을 빠르게 확인하며 리스크를 줄일 수 있다. ODM은 국내 제조사뿐 아니라 1688이나 알리바바 같은 해외 도매 사이트를 통해서도 충분히 가능하다. 제품 상세에 '라벨 부착 가능'이나 '맞춤 제작'이라는 문구가 있으면 내 브랜드 라벨을 붙여 판매할 수 있다는 의미이다.
이때는 반드시 샘플을 먼저 받아보고, 실제 인쇄 방식이나 포장 품질을 꼼꼼히 확인하는 과정이 필요하다. MOQ, 배송 기간, 통관 가능 여부 등도 사전에 체크해야 하는 항목이다.
이러한 작은 내용을 누락하게 되면 자칫 첫 거래에서 큰 손실을 볼 수 있기 때문에 조심해야 한다.

ODM 제작으로 조금 더 경험이 붙고, 제품 기획에 자신이 있다면 OEM 제작을 고려해볼 수도 있다.

OEM은 단순히 로고를 붙이는 수준을 넘어 내가 원하는 기능, 소재, 색상, 디자인을 구체적으로 반영하는 방식이다. 다만 여기서는 공장과의 소통 능력이 무엇보다 중요하다. 샘플은 한 번으로 끝내지 않고 여러 차례 수정하면서 내가 원하는 완성도를 찾아가야 하고, 설계도와 사양은 반드시 문서로 남겨두어야 한다. 또 불량이 발생했을 때 책임 소재가 어디에 있는지도 계약서에 명확히 규정해야 한다.

공장 선택 시에는 과거 납품 이력과 생산 경험을 꼼꼼히 물어보고, 소량 주문이 가능한지, 납기일은 잘 지킬 수 있는지를 반드시 확인해야 한다.

장기적인 브랜드 운영을 목표로 한다면, 자체 개발로 한 걸음 더 나아가 가는 것도 좋은 전략이다. 다만, 이 과정에서 가장 흔히 놓치는 부분이 인증과 상표권 문제이다.

식약처 허가, KC인증 등 제품별로 필수 요건을 사전에 확인하지 않으면 생산을 마친 뒤에 발목이 잡힐 수 있다. 또한, 출시 전에 상표권을 확보해두어야 나중에 유사 브랜드가 나타나도 내 브랜드를 지킬 수 있는 무기가 된다.

이러한 제작 단계로 나아가기 전에 많은 셀러들이 먼저 '사입+패키징 변경' 방식을 통해 연습을 해보기도 한다.
예를 들어, 중국에서 제품을 사입한 뒤에 한국에서 별도의 패키지를 제작해 판매하거나, 라벨을 새로 붙이는 식이다. 아주 단순하지만, 초보 셀러에게는 브랜드 제작의 첫 연습 단계가 되어 준다.

처음부터 완벽한 브랜드를 만들 필요는 없다. 차근차근 단계를 밟아가며 경험과 고객 피드백을 쌓고, 점차 나만의 브랜드로 발전시켜 나가는 것. 그것이 가장 현실적이고 지속가능한 제작의 길이다.
고객이 "이 브랜드라서 믿고 샀어요"라고 말하는 날을 상상하며, 지금의 작은 시작을 소중히 쌓아가 보자.

나의 경우에는 사입판매를 시작한 지 얼마 되지 않아 중국 공장이라는 존재를 알게 되면서, 호기롭게 OEM 제작에 도전한 적이 있었다.

처음이라 의욕만 앞섰고 경험은 턱없이 부족했지만, '직접 만든 나만의 상품'을 갖고 싶다는 마음 하나로 중국 공장과 손을 잡았다. MOQ를 조율할 생각도 없이 대량 생산을 결심했고, 그들의 요구에 따라 선금도 미리 모두 지불했다. 큰 금액을, 그것도 중국이라는 낯선 시장을 대상으로 말이다. 지금 돌이켜보면 몰라서 용감할 수 있었던 시절이었다.

문제는 금세 드러났다. 샘플은 몇 달째 나오지 않았고, 중국 공장 사장님은 태연했다. 이미 선금을 받아놓았으니 서두를 이유가 없었던 것이다. 나는 매일 답답했고, 무엇보다 성급했던 내 자신이 원망스러웠다.

특히, 색상 번호까지 제시하며 제대로 만들어 달라고 요구했지만 피드백은 더뎠다. 한 번 수정을 요청하면 몇 달이 훌쩍 지나가곤 했고, 그 과정에서 'OEM 제작은 결코 쉽지 않다'라는 사실을 뼈저리게 체감했다.

패키지 제작 과정도 만만치 않았다. 중국 공장과 작업하는 데서 오는 답답함에, 이번만큼은 한국에서 진행해보자 싶어 방산시장을 돌며 견적을 받았다.
하지만 최소 수량과 몰드 비용이 만만치 않아 오히려 부담만 커졌다. 결국, 패키지 역시 중국에서 함께 진행하기로 결정할 수밖에 없었다.

그렇게 10개월 넘게 샘플만 붙잡고 씨름했다. 색상이 맞지 않거나 디자인이 다르게 나오는 문제로 수정을 반복했고, 그때마다 또다시 몇 달씩 시간은 흘러갔다.
초조함은 점점 커졌고, '과연 이게 완제품으로 나올 수는 있을까?' 하는 의심도 들었다. 우여곡절 끝에 수정된 최종 샘플이 도착했고, 드디어 판매할 수 있을 만한 수준에 도달했다.

나의 첫 OEM 제작 경험은 내게 여러 가지 교훈을 남겼.
의지만 앞세운 채 경험 없이 대량 생산을 결정하는 것이 얼마나 위험한 일인지, 공장과의 소통이 늦어지면 시간이 끝도 없이 흘러 버린다는 것, 그리고 제작은 제작대로 힘들지만 제품이 세상에 나와도 결국 시장에서 팔려야만 의미가 있다는 사실까지. 이러한 과정을 겪으면서, 자연스럽게 'OEM 제작보다는 기존에 있는 제품을 잘 찾아서 KC인증을 받는 방법 등으로 판매를 하자'라는 마음이 커졌다.

5부

월천 순수익의
꿈을 이루다

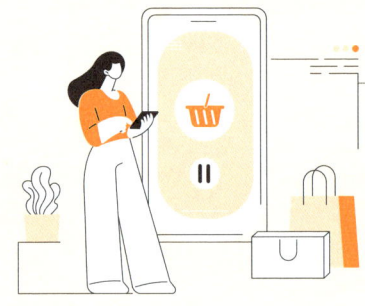

1

무식해서 용감했던, 그 시절의 나

2023년 처음으로 사입판매를 시작했을 때, 나는 '뭘 해야 할지 몰라서' 이것저것 닥치는 대로 시도하는 사람이었다. 무조건 소싱을 많이 해보기도 했고, 주문이 들어오면 그때그때 만들어서 보내는 시즌 상품 제작도 시도해봤다. 주변에는 정보도, 잘된 사례도 너무 많았다. 이것도 해봐야 할 것 같고, 저것도 놓치면 안 될 것 같았다.

그렇게 시간과 비용을 들였지만, 결과는 마음처럼 따라주지 않았다. 남들이 잘하는 방법을 내가 똑같이 해도 같은 성과가 나오지는 않았다.

그리고 그때 내가 놓치고 있던 것은 '내가 처한 현실'이었다.

나는 사무실도 없이 집구석에서 일하고 있는 육아맘이었다. 아이를 돌보며 일하는 상황에서 하루 종일 집중해서 일하는 것도, 업체와 시도 때도 없이 연락하며 소통하는 것도 쉽지 않았다.

지금 생각해보면, 그 당시 내가 했던 수많은 선택들은 나의 일상과는 전혀 어울리지 않는 방식들이었다.

그렇게 방황하던 시기에 마침내 찾은 것이 바로 나만의 방식, 나만의 전략이었다.

복잡하고 머리 아프고 시간도 오래 걸리는 일이었지만, 상품 하나를 고르더라도 신중하게 골라 KC인증을 받는 등의 방법으로 소품종 고마진 구조를 만드는 것. 남들과 같은 물건을 파는 대신 차별화된 상품을 만들어보자는 방향이었다.

나의 환경에 맞춰 나는 효율성을 추구하는 사람이 되어갔다. 남들이 일하는 만큼 일하지 못하는 상황 속에서, 적게 일하고 마진을 많이 남길 수 있는 방법을 계속 찾았다.

쉽지는 않았지만 그만큼 보람도 있었다. 무엇보다 이 경험은 이후 어떤 상품을 기획하고 선택할지를 결정짓는 중요한 기준이 되어주었다.

나만의 방법을 찾아가는 과정에서 참 많은 일을 겪었다. 현실은 생각보다 훨씬 거칠었고, 시행착오는 매일같이 이어졌다. 판매가 조금씩 늘기 시작하자 배송 실수, 재고 부족, 공간 부족 같은 문제들이 계속 터졌다.
그럴 때마다 당황하고, 초조해 하고, 밤잠을 설치며 하나씩 문제를 해결해나갔다. 하지만 문제는 거기서 끝나지 않았다.

그 시절의 나는 무조건 실행부터 하는 사람이었다. 생각보다 행동이 앞섰고, 실행 후 문제가 생기면 그때 가서 해결하는 식이었다. 그러다 보니 겪지 않아도 될 일들을 참 많이도 겪었다.
잘 팔릴 것 같은 상품을 무턱대고 제작해봤다가 내용증명을 받고 형사 고소로 이어져 벌금형을 선고받은 일도 있었고, 지식재산권 문제로 쿠팡 계정이 영구 정지되었던 적도 있었다.
지금 생각해도 아찔하고, 다시는 겪고 싶지 않은 순간들이었다.

당시 나에게는 돈을 벌 만하면 돈 나갈 일이 생기고, 조금 편안

해질 만하면 또 일이 터졌다. 스트레스가 끊이지 않았고, 육아와 일이 맞물려 더 힘들었던 날도 많았다.
아이가 아픈 날에는 아예 일을 할 수 없는 상황이 답답했고, 종종 주방 바닥에 주저앉아 조용히 울기도 했다.

그럼에도 불구하고 계속했다. 목표를 향한 집착을 연료 삼아 먹는 시간을 줄이고, 자는 시간을 줄였다. 하루 4시간도 제대로 자지 못하는 날들이 이어졌다. 그 무모함은 분명 '무식함'이었다.
그런데 그 무식함이 나를 성장으로 이끌었다. 경험도 없었고 전략도 없었지만, 실행해보고 문제가 생기면 어떻게든 해결하려 했던 그 반복이 결국 나를 단단하게 만들었다.
시행착오는 내 경험이 되었고, 이러한 경험이 하나둘씩 쌓이며 사업 감각이 생겨나기 시작했다.

돌아보면 나는 그때 그렇게 자라나고 있었다. 누가 봐도 복잡하고 힘든 과정 속에서도 나는 조금씩 길을 만들어가고 있었다.
무식해서 용감했던 그 시절의 나, 그것이 지금의 나를 만든 가장 큰 원동력이었다.

어린이 KC인증

13세 이하 어린이가 사용하는 제품은 원칙적으로 어린이 KC인증이 필요하다. 장난감, 유아의류, 학용품은 물론이고 수입 제품이나 사은품으로 증정하는 제품까지 대부분이 인증 대상이다.

어린이 KC인증은 안전인증, 안전확인, 공급자적합성으로 나뉜다. 일반적으로 뒤로 갈수록 절차가 간단해지고 앞으로 올수록 절차가 더 까다롭고 비용도 높아지지만, 상품의 재질이나 종류, 그리고 인증받으려는 개수에 따라 금액은 천차만별이다.

내 상품이 어떤 인증을 받아야 하는지 알고 싶다면, 국가기술표준원이나 KCL, KTC, KOTITI 같은 공식 인증기관 사이트에 들어가 보거나 전화로 직접 문의하면 가장 정확한 안내를 받을 수 있다. 만약 어린이 제품으로 KC인증 대상이라는 사실이 확인되면, 이제는 어떤 기관을 통해 인증을 받을지 결정해야 한다. 인증 기준과 비용은 기관마다 다르므로, 최소 두세 군데 이상 비교 견적을 받아보고 선택하는 것을 추천한다.

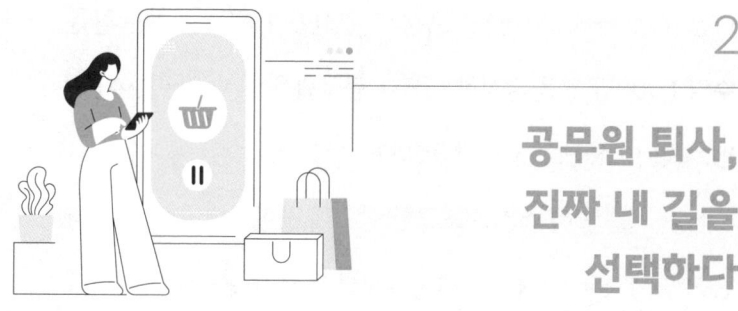

2

공무원 퇴사, 진짜 내 길을 선택하다

나만의 상품을 갖추고 진입장벽을 세우면서 매출 대비 마진율이 확실히 높아졌다. 그런데 이번에는 이상하게도 매출이 더 이상 늘지 않았다.

2023년 연말, 처음으로 7,000만 원이라는 높은 매출을 기록했지만, 연말 특수가 끝나자마자 매출은 언제 그랬냐는 듯이 3,000만 원대로 급감했고, 그 상태가 꾸준히 이어졌다. 월 매출은 3,000만 원 전후에서 오르락내리락하며 좀처럼 상승 기미를 보이지 않았다. 뭔가 전환점이 필요하다고 느꼈다.

나는 우선 스스로 환경을 바꾸기로 결심했다. 원래 계획은 월 순수익 1,000만 원을 달성한 이후에 공무원을 퇴사하는 것이었지만, 나는 내 성향을 잘 알고 있었다.

나는 목표를 향해 스스로를 극한 상황에 몰아넣어야 더 잘 해내는 사람이었다. 그래서 퇴사를 6개월 앞당겨 실행하기로 했다. 육아휴직 3년을 다 채우지 않고 2년 6개월 만에 공무원을 그만둔 것이다.

공무원이라는 안정적인 직업을 내려놓는 것은 결코 쉬운 결정이 아니었다. '안정'이라는 이름의 억압에서 벗어나 해방감과 함께 '불확실성'이라는 거대한 두려움이 동시에 밀려왔다.

가족도, 주변 사람들도 모두 반대했고, 나 역시 내심 불안감을 숨길 수 없었다.

하지만 반복되는 마진 분석과 상품 기획, 차별화된 전략을 수립하며 나만의 상품이 하나둘씩 생겨나기 시작하자 조금씩 확신이 들었다. '이 일을 제대로 해볼 수 있겠다'라는 감각이었다.

퇴사 전에는 현실적인 준비도 철저히 했다. 수익 흐름을 다시 한

번 정리하고, 고정비와 생활비, 육아 비용까지 계산했다. 남편과도 충분히 대화를 나누며, 이 선택이 가족에게 어떤 의미를 가져다줄지 함께 고민했다.

물론, 퇴사를 6개월 앞당긴 것은 어떤 면에서는 바보 같은 결정일 수도 있었다. 공무원은 육아휴직 기간도 근속기간으로 인정되기 때문에 퇴직금 계산이니 연금 산정 등에 포함된다.
연금은 재직기간과 평균 보수월액으로 계산되는데, 육아휴직 기간 6개월이 수령액에 미세한 차이를 만들 수 있다. 하지만 현실적으로 연금 수령은 60세 이후에 시작되기에 수령액 차이는 정말 미미했다.

결국, 나는 생각했다. 중요한 것은 퇴직 시점이 아니라, 그 이후를 어떻게 살아가느냐. 실제로 앞당긴 육아휴직 6개월 동안 나는 많은 것을 해냈고, 그 시기가 결과적으로 나의 성공을 앞당기는 시발점이 되었다.
많은 사람들이 중요한 선택 앞에서 망설이지만, 나는 그때 '행동'을 선택했다. 그게 전부였다. 그때 퇴사를 미루었더라도 상황이 지금보다 더 나았을 것이라는 보장은 없었다.

그리고 퇴사 한 달 뒤, 나는 마침내 그토록 원했던 순수익 월 1,000만 원을 달성했다. 매출이 크게 오른 것은 아니었다. 매출은 약 1,000만 원 정도 증가한 수준이었지만, 순수익이 높을 수 있었던 이유는 명확했다. 나만의 상품이 있었기에 마진율을 조정할 수 있었고, 나 혼자만이 판매하는 상품이라 경쟁이 적어 광고비를 거의 들이지 않아도 되었기 때문이다.

그날, 나는 처음으로 느꼈다. 내가 그동안 고민하고 실행해온 방향이 결코 틀리지 않았다는 것을.

퇴사 이후 맞이한 첫 아침, 그동안 육아휴직 중이었기에 실감이 크진 않았다. 하지만 매일매일 복직일을 계산하던 삶에서 벗어나 온전히 자유의 몸이 되었다. 곧 '이제 모든 것이 온전히 내 책임이구나' 하는 현실감이 밀려왔다.

전에는 문제가 생기면 누군가가 책임져주는 구조였지만, 이제는 모든 것이 내 몫이었다. 두려웠지만, 동시에 한없이 자유로웠다.

이제는 누가 시키지 않아도 스스로 계획을 세우고 스스로 다잡아야 했다. 그게 때론 버겁기도 했지만, 이상하게도 익숙해지는 데는 오래 걸리지 않았다. 어쩌면 나는 이미 오래전부터 이 선택을 마음속으로 준비해왔던 것일지도 모른다.

퇴사는 끝이 아니라 시작이었다. 진짜 내 길을 선택한 그 순간부터, 나는 더 단단해지기 시작했다.

3
월천
순수익 달성

2024년 6월, 공무원을 그만두고 스스로를 새로운 환경에 던져 넣었다. 그리고 한 달 뒤인 2024년 7월, 드디어 꿈에 그리던 월 순수익 1,000만 원을 달성했다.

매출은 약 4,000만 원. 높다고 할 수도 적다고 할 수도 있는 숫자였지만, 도매와 쿠팡 채널 위주로 판매를 했고, 특히 광고비 지출이 큰 쿠팡 채널에서 광고 비용을 최소화했기에 가능한 성과였다.

그 순간을 지금도 잊을 수 없다.

그 숫자는 단순한 금전적인 성취가 아니었다. '내가 선택한 길이 틀리지 않았다'라는 확신이었고, 지난 시간 수많은 의심과 두려움에 대한 대답이었다.

매일 새벽까지 상품 페이지를 다듬고, 번역기를 돌려가며 중국 공장과 대화를 이어갔던 날들. 블로그와 유튜브를 샅샅이 뒤지며 인증과 수입 절차를 하나씩 배워갔던 시간들이 눈앞을 스쳤다.

상품 소싱도 혼자하고, 중국 제조공장도 직접 찾았으며, KC인증 절차와 방법도 스스로 알아냈다. 어린이 KC인증을 처음 받기까지 약 2개월, 화장품 수입을 처음 하기까지는 무려 6개월이 걸렸다.

그사이 포기하고 싶은 순간들이 몇 번이나 있었는지 모른다. 그런데 지금 돌아보니, 그 모든 시간들이 '나만의 무기'를 만드는 과정이었다.

순서로 보면 조금 어긋났지만, 사입판매를 시작하면서 세운 목표인 '순수익 월천+퇴사'를 1년 정도 만에 달성한 셈이었다.

그리고 월 1,000만 원 순수익을 달성한 즈음부터는 정말로 돈이 제대로 모이기 시작했다.

그전까지는 물건 구매, KC인증 비용, 상표권 등록 등으로 기존보다 마진 비율이 늘었지만 투자 비용 또한 만만치 않게 나갔었다. '버는 것 같지만 버는 것이 아닌' 상태였다면, 이제는 달라졌다.
매출 대비 순수익이 안정되었고, 통장에 쌓이는 돈을 눈으로 확인할 수 있었다. 조금은 여유롭게 돈을 쓰며 살고 싶은 마음도 생겨나기 시작했다.

하지만 온라인 셀러라는 일은 멈추면 곧 매출이 떨어지는 구조였다. 계속해서 투자와 움직임이 필요한 일이다. 월 1,000만 원 순수익을 달성하고 나서도 여전히 3PL을 이용하고 있었는데, 클레임이 들어와도 물건 상태를 직접 확인할 수 없다는 점이 답답했다.
게다가 합포장 비용이 예상보다 많이 나갔다. 계산해보니 내가 직접 포장한다면 비용을 1/4로 줄일 수 있을 것 같았다. 그래서 결국 3PL에 맡겨둔 물건을 다시 집으로 옮겨오고, 당근에서 포장 아르바이트를 구해 함께 작업하기로 했다.
또다시 집은 물건으로 가득 차기 시작했다.

이제는 내 손으로 모든 일을 직접 해보고 싶은 마음이 더 커졌다. 그리고 확실히 느꼈다.
이제는 사무실을 구해야 할 때라는 것을. 그렇게 나는 사무실을 찾아 나서기 시작했다.

4

50평 첫 사무실, 도약의 출발선

사무실을 구하고, 직원을 두고, 내 일을 레버리지 하자는 생각은 오래전부터 품고 있었다.

하지만 육아를 병행해야 하는 상황, 그리고 사무실 임대료와 직원 월급 같은 고정비 부담이 쉽게 발걸음을 떼지 못하게 했다. 무엇보다 혼자 사무실을 보러 다니는 것이 왠지 낯설고 어렵게 느껴졌다.

집을 보러 다니는 것과는 전혀 다른 세계. 무엇을 체크 해야 하는지도 몰라 막연한 두려움이 앞섰다.

그러다 추석을 앞두고 일이 터졌다. 중국 명절 동안 물량이 끊길 것을 대비해 넉넉히 주문해둔 물건들을 집으로 옮기다가 박스를 떨어뜨려 발가락이 찢어지고 피를 본 것이다.

그 순간 생각이 스쳤다. '이렇게 잠도 못 자고, 내 몸을 혹사해가며 버는 돈이 무슨 의미가 있나? 이제는 진짜 레버리지를 해야 할 때다.'

그리고 결심했다. 사무실을 구하기로.

피를 본 그날, 바로 공인중개사 몇 군데에 전화를 돌렸다. 그때부터 본격적인 매물 보기가 시작되었다.

한 달 동안 40곳이 넘는 사무실을 둘러봤고, 마침내 50평짜리 첫 사무실 계약을 마쳤다. 집 방구석 한 칸을 작업실로 쓰다가 한계를 느껴 3PL 물류창고를 이용한 지 8개월 만의 변화였다.

처음에는 20~30평대 사무실을 알아봤다. 하지만 주변 셀러들이 조언을 했다.

"지금 당장만 보지 말고, 2년 뒤의 모습을 그려보고 평수를 정해야 한다."

곰곰이 생각해보니 3PL에서 가져올 물건만 해도 적지 않았고, 쿠팡 로켓그로스를 위해 물류창고에 맡겨둔 재고까지 생각하면 20~30평대 사무실은 금세 꽉 차버릴 것이 분명했다.

결국, 평수를 늘려 40~50평대로 범위를 바꿨고, 자연스럽게 보러 다닐 매물 수도 그만큼 많아졌다.

내가 사무실을 보러 다닐 때, 정한 조건은 총 다섯 가지였다.

첫째, 엘리베이터가 있을 것.
둘째, 인테리어를 거의 손볼 필요가 없을 것.
셋째, 화장실이 깨끗할 것.
넷째, 바퀴벌레가 나오지 않을 것.
다섯째, 안전할 것.

그리고 마침내 내가 세운 조건에 딱 맞는 사무실을 찾을 수 있었다.

엘리베이터가 있고, 건물에서 장판, 페인트, 샤시까지 전면 수리를 진행해 인테리어를 손볼 필요가 없었다. 화장실은 매일 청소 관리가 들어가 항상 깨끗했으며, 음식점이 없는 건물이라 바퀴

벌레 출몰 가능성도 낮았다.

관리소장이 건물에 상주하며, 병원과 사무실만 있는 건물이라 안전성도 만족스러웠다.

단점이라면 지하철역과 조금 떨어져 있다는 것이었지만, 어차피 차로 이동할 계획이라 문제가 되지 않았다. 무엇보다 월세와 관리비 조건이 마음을 끌었다.

결국, 사무실 계약을 진행하기로 했다.

사무실 계약서를 쓰고 나오는 길, 기쁨과 설렘, 그리고 걱정이 한꺼번에 밀려왔다. 눈물이 왈칵 쏟아졌다.

이제 막 돈이 쌓이기 시작하던 시점이었다. 그 돈을 사무실과 직원에 투자하기로 했다. 이곳에서 나는 기존에 혼자 하던 단순 업무를 직원에게 위임하고, 대표로서 상품 기획과 마케팅에 집중할 계획이었다. 그리고 제대로 된 브랜딩에도 도전할 생각이었다.

이 사무실은 단순한 작업 공간이 아니었다.

내 사업이 다음 단계로 나아가는 분명한 출발선이었다.

6부
팔릴 상품을 어떻게 찾나요?
소싱 전략

1
데이터로
시장을 읽는 법

처음으로 온라인 판매를 시작하는 사람들이 가장 많이 하는 말이 있다.

"도대체 뭘 팔아야 할지 모르겠어요."

처음엔 나도 그랬다. 무엇을 어떻게 시작해야 할지 막막했다.

정답은 없다. 하지만 초보 셀러라면 막연히 감에 의존하기보다는 객관적인 데이터에 근거해 시장성을 확인하는 것이 시행착오를 줄여주고 성공 가능성을 높여준다.

온라인 쇼핑몰에서 가장 중요한 것은 무엇일까? 바로 '검색'이다.

고객들은 검색을 통해 자신이 원하는 상품을 찾고, 판매자들은 자신의 상품이 고객들의 검색에 최대한 노출될 수 있도록 검색엔진 최적화(SEO)를 하며 노력한다.

그리고 검색어를 통해 어떤 상품이 잘 팔리고 있는지, 또 그 시장에 진입할 여지가 있는지를 숫자로 확인할 수 있다.

[키워드 툴을 활용한 소싱 방법]

고객은 자신이 원하는 상품을 찾기 위해 검색창에 관련 단어를 입력하고, 그 결과에서 상품을 찾고 구매한다.

즉, 검색어는 고객의 관심사이자 시장의 방향성을 보여주는 핵심 지표인 것이다.

판매자는 고객이 어떤 키워드를 얼마나 검색했는지, 그리고 해당 키워드를 몇 명의 판매자가 다루고 있는지를 확인해야 한다. 검색 빈도가 높으면서 경쟁 강도는 낮은 키워드를 찾아야 하는 것이다. 그러기 위해선 키워드 툴을 활용한 데이터 분석이 필요하다.

① 네이버 키워드 도구

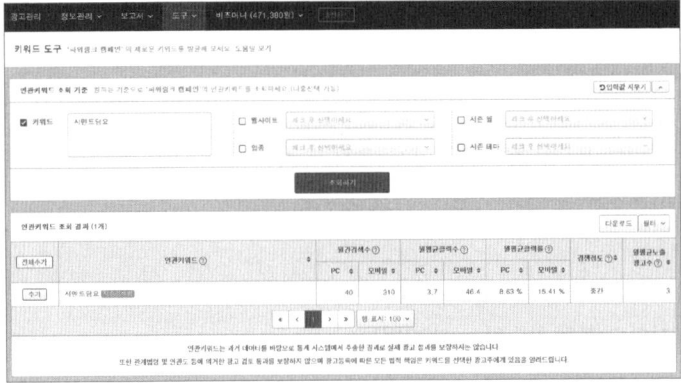

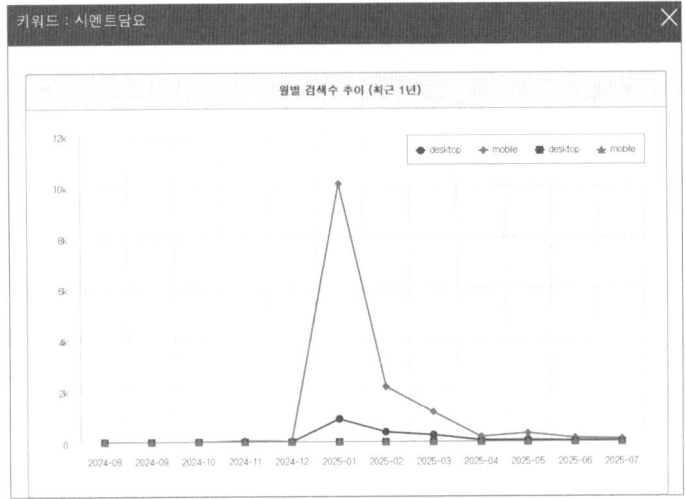

네이버 광고 계정에서 제공하는 공식 툴로 검색 키워드에 따른 검색량, 클릭률, 광고 경쟁 강도 등을 종합적으로 확인할 수

있다.

키워드 확장과 효율 분석에 적합하며, 월별 검색수 추이를 확인할 수 있다는 것이 특징이다.

② 아이템스카우트

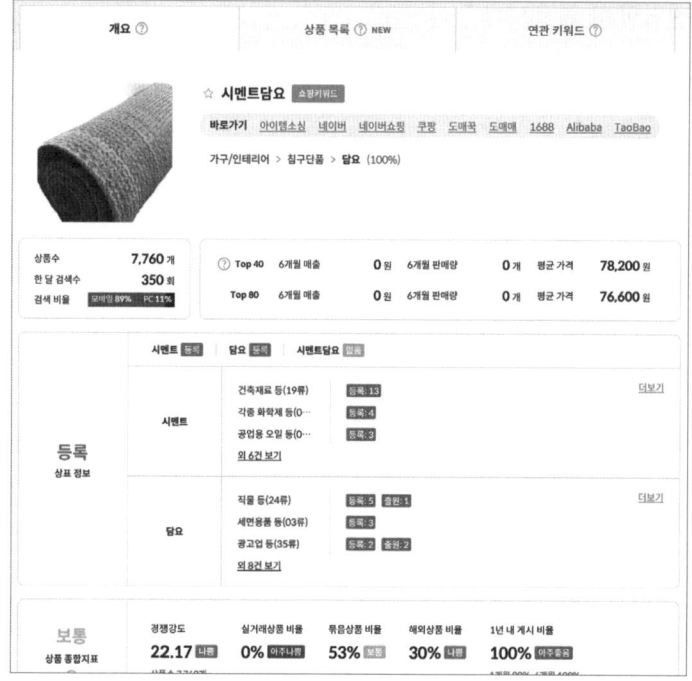

온라인 셀러를 위해 다양한 데이터와 서비스를 제공해주는 아이템스카우트를 사용해보는 것도 좋다. 유료 멤버십도 있지만

기본적인 기능은 무료로 제공하기 때문에, 우선 무료로 사용해 보는 것을 권한다.

아이템스카우트에서는 키워드별 매출 추정, 경쟁 강도, 상위 판매자 분석 등 고급 데이터를 제공한다. 아이템스카우트에서 제공하는 데이터는 특히 제품군을 확장하거나 새로운 카테고리에 진입할 때 활용도가 높다.

③ 판다랭크

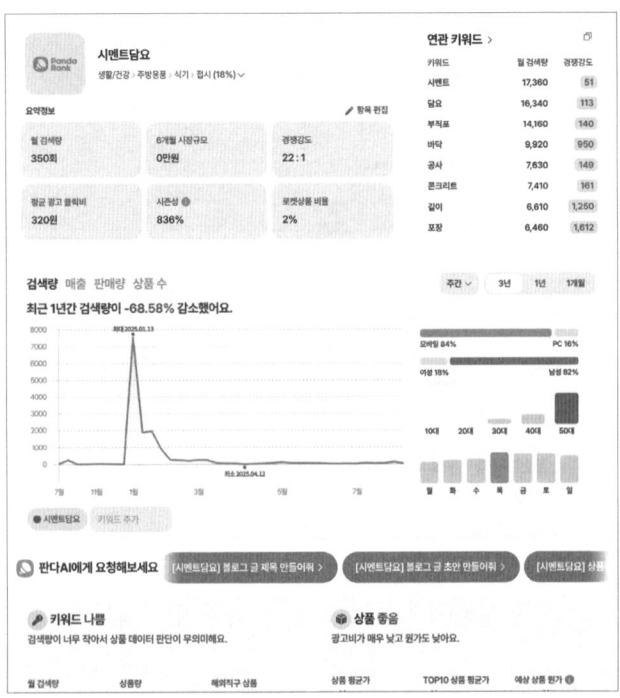

온라인 셀러를 위한 데이터 분석 서비스를 제공하는 판다랭크도 있다. 판다랭크도 유료 멤버십이 있지만 우선 무료로 사용해 보는 것을 권한다.

판다랭크에서 제공하는 데이터는 키워드별 검색량, 경쟁 강도, 상위 판매자 분석 등이다. 이들 데이터를 활용하면 틈새 키워드를 찾거나 마진 구조 파악에 효과적이다.

[키워드 분석으로 얻는 인사이트]

앞서 설명한 각종 키워드 툴에서 각종 데이터를 얻었다면, 이제는 데이터를 분석하고 데이터에서 인사이트를 얻어야 한다.

하나의 키워드 툴만 활용하는 것이 아니라 여러 키워드 툴의 데이터를 비교 분석하면서 다음과 같은 사항에 주목해야 한다.

① 시즌성 확인

예를 들어, '난방 텐트'와 같은 겨울용품은 매년 가을부터 검색량이 급증한다. 이런 시즌성 상품은 타이밍이 가장 중요하다. 시즌성 상품은 시기를 놓치면 매출 기회가 날라가기 때문에, 지난 데이터로 트렌드를 파악하고 미리 상품을 준비해야 한다.

② **경쟁 강도 파악**

검색량이 많다고 해서 무조건 좋은 시장은 아니다. 경쟁이 치열하면 그만큼 광고비가 높아지기 때문에 신규 셀러는 살아남기 어렵다.

초보 셀러는 오히려 검색량이 적당하고 경쟁이 덜한 시장을 찾아내는 것이 데이터 분석의 핵심이다.

③ **확장 아이디어 발굴**

관심이 가는 하나의 키워드를 찾았다면 그 키워드에서 확장되는 키워드를 찾는 것이 필수이다.

예를 들어, '젖병'이라는 키워드에서 출발해 연관 검색어를 살펴보면 '젖병 세정제', '젖병 소독기', '젖병 건조대' 같은 상품으로 아이디어가 확장될 수 있다. 이러한 연관 키워드에서 찾은 상품은 상품 소싱의 또 다른 기회가 될 수 있다.

이처럼 데이터는 시장의 크기와 흐름을 보여준다. 수치로 판매 가능성을 확인할 수 있다는 점에서 초보 셀러에겐 더없이 유용하다. 하지만 데이터만으로는 부족하다.

그 다음은 나만의 기준이 필요하다. 숫자가 아닌 감각, 경험, 그리고 공감에서 시작하는 기준. 바로 '관심사'이다.

2
관심사에서 출발한 소싱

데이터 기반 분석이 시장을 보는 '지도'라면, 내 관심사는 길을 찾아가는 '나침반'이다.

실제로 내가 겪어본 바로는 '내가 잘 알고, 관심 있는 분야에서 출발하는 것'이 가장 현실적이고 지속가능한 전략이었다.

물론 처음부터 키워드 분석으로 대세 상품을 찾아, 그 시장에 뛰어들라는 조언도 많다. 하지만 이 방법에는 분명 한계가 있다. 검색량이 많다고 해서 반드시 잘 팔리는 것도 아니고, 경쟁이 높다고 해서 모두가 성과를 내는 것도 아니다. 키워드는 늘 뒤늦게 반영되는 데이터이기 때문에, 오히려 현재 데이터에 반영되지 않아 잘 보이지 않는 시장에서 먼저 기회를 발견할 수도 있다.

나는 임신 중에 온라인 판매를 시작했고, 자연스럽게 유아용품에 눈길이 갔다. 아이가 자라면서 필요해진 제품들을 소싱했고, 상품을 볼 때 단순히 가격이나 스펙이 아닌 '엄마 입장에서 이 제품이 왜 필요할까?'를 먼저 고민했다.

내 아이에게 직접 써본 제품은 어떤 디자인이 안전하고, 어떤 포장이 신뢰를 주는지 판단할 수 있었다.
내가 그 제품을 직접 써봤고 필요성을 공감했기에 상세페이지도 구체적으로 고객의 니즈에 맞춰 구성할 수 있었다. 이러한 노력이 곧 판매로 이어졌다.

그렇게 내 관심사를 기반으로 상품을 구성하다 보니, 자연스럽게 고객층도 나와 비슷한 사람들이 모이기 시작했다.
아이를 키우는 내 또래의 엄마들이 주요 타겟이 되었고, 그들의 생활과 고민을 누구보다 잘 알고 있었기에 제품 선택부터 상세페이지 구성, 고객 응대까지 훨씬 현실적이고 공감 가는 언어로 접근할 수 있었다.

물론 한계도 있었다. 유아용품에 집중하다 보니 다른 카테고리로 상품군을 확장하는 데는 어려움이 따랐다. 한동안은 '내가 잘 아는 분야는 유아제품이니, 유아제품만 취급해야 한다'는 생각에 스스로를 가두기도 했다.
하지만 판매 경험이 하나둘씩 쌓이면서 자신감이 생겼고, 그와 함께 시장을 보는 시야도 점차 넓어졌다.

지금은 유아용품을 기반으로 리빙용품이나 생활소품으로 상품군을 확장하고 있다. 사실 육아와 일상은 맞닿아 있기 때문에, 유아용품의 경험은 자연스럽게 리빙용품 및 생활소품으로 이어진다.
예를 들어, '장난감 정리함'은 유아용품이면서 동시에 리빙용품이 될 수 있다. 관심사 기반으로 시작했기에 가능한 확장 전략이다.

데이터 분석은 시장의 크기와 가능성을 보여주고, 관심사는 셀러가 오래 버틸 수 있게 하는 힘이 된다.

온라인 판매는 단순히 물건을 파는 일이 아니라, 누군가의 필요를 발견하고 해결책을 제안하는 일이다. 그렇다면 가장 먼저, 숫자로 시장을 확인하되 결국 내가 잘 아는 세계에서 답을 찾을 수 있는 것이다.

3
이슈를 기회로 바꾸는 감각

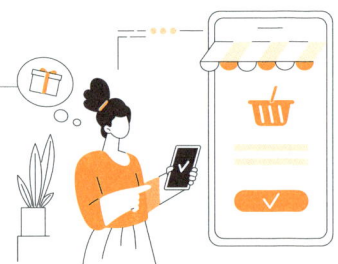

소싱에는 예측 가능한 수요가 있다. 계절에 따라 여름에는 선풍기, 겨울에는 난방기기 같은 제품이 잘 팔리고, 어버이날이나 크리스마스 같은 기념일에는 선물 수요가 급증한다.

이런 상품은 키워드 분석이나 시즌 캘린더만 잘 활용해도 충분히 준비할 수 있는 영역이다. 하지만 그와는 전혀 다른 종류의 수요도 존재한다.

예고 없이 등장하고, 데이터에게 잘 잡히지 않으며, 단기간에 폭발적인 매출을 만들어내는 상품들. 바로 '이슈성 상품'이다.

이런 상품은 뉴스, 사회적 사건, 갑작스러운 유행 등 예기치 못한 맥락에서 탄생한다. TV 프로그램이나 SNS에서 유명인이 사용하는 것이 노출되면서 갑자기 주목받는 제품도 여기에 해당된다.

중요한 것은 이슈성 상품이 철저히 타이밍의 영역이라는 것이다. 기회를 남들보다 먼저 발견하고, 누구보다 빠르게 움직일 수 있느냐가 관건이다.

내가 처음으로 대량 주문을 받았던 제품도 바로 이런 방식이었다. 2023년 여름, 어느 날 뉴스를 보다 충격적인 사건 소식을 접했다. 이유 없이 희생당한 여성의 이야기에 마음이 무겁고 두려웠다. 같은 여자로서 나 역시 불안감을 느꼈고, 문득 '나한테도 이런 상황이 닥치면 어떻게 하지?'라는 생각에 호신용품을 검색해보게 됐다.

그런데 생각보다 선택지가 많지 않았고, 기능이나 디자인 면에서도 아쉬운 제품들이 대부분이었다. 그래서 내가 직접, 조금 더 실용적이고 일상에서도 부담 없이 휴대할 수 있는 제품을 찾아보기로 마음먹었다.

단순한 판매를 넘어, 누군가에게 작게나마 도움이 될 수 있다면 의미 있는 일이 될 것 같았다.

바로 중국 공장을 찾아 빠르게 샘플을 받고, 상세페이지를 만들어 업로드했다. 제품을 출시한 지 얼마 되지 않아 반응이 왔고, 대량 주문으로 이어졌다. 그해 10월에는 처음으로 700만 원의 순수익을 기록하게 됐다.

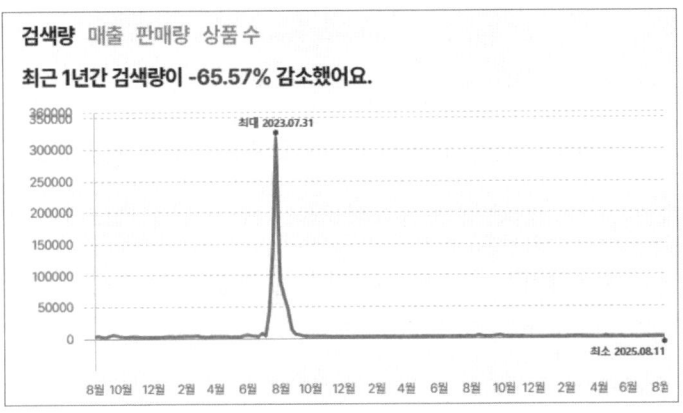

▲ 판다랭크 검색량 분석

이 그래프를 보면, 원래 월 3,000건 수준이던 키워드 검색량이 이슈를 계기로 30만 건을 넘어선 것을 확인할 수 있다. 이것이 바로 '이슈의 힘'이다 지금은 이 방식으로 소싱을 하진 않지만, 그 경험은 나에게 아주 중요한 교훈을 줬다.

모든 수요가 데이터에 잡히는 건 아니라는 것. 그리고 때로는, 내 안의 문제의식과 타이밍이 만나면 예상치 못한 기회로 이어질 수 있다는 것.

물론 단점도 있다. 이슈 기반 소싱은 예측이 어렵고, 지속성이 낮으며, 타이밍을 놓치면 곧바로 재고가 되는 위험도 있다. 하지만 그럼에도 불구하고, 한 번의 기회를 크게 만들어줄 수 있다는 점에서 이 방식은 충분히 시도해볼 만한 전략이다.

특히, 빠르게 반응할 수 있는 셀러라면, 이슈는 분명한 기회가 된다.

나 역시 그 경험이 지금까지도 강하게 남아 있는 전환점이었다.

4
보이지 않는 시장, 틈새 수요 포착하기

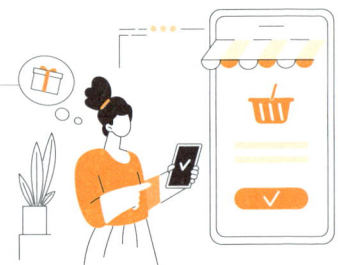

이슈성 소싱이 순간적인 수요를 포착해 짧은 시간 안에 최대의 성과를 내는 방식이라면, 또 다른 형태의 '틈새 수요'도 존재한다.

키워드 데이터에도 잘 드러나지 않고, 뉴스나 트렌드로도 감지되지 않지만, 분명히 실수요가 있는 시장.

나는 2023년 12월, 그런 틈새 시장을 처음으로 제대로 체감하게 되었다. 그달은 나에게 처음으로 월 매출 7,000만 원이라는 성과를 안겨준 달이었고, 이러한 성과를 올리는데 특별한 역할을 한 제품이 있었다. 그 제품은 바로 '인형'이었다.

겉보기에는 그저 단순한 인형이었다. 그렇게 실용적이지도 않았고, 특별한 기능이 있는 것도 아니었다. 하지만 이 제품을 사람들이 선택한 데는 나름의 이유가 있었다.

당시 나는 우연히 '쓸데없는 선물'이라는 개념을 알게 되었다. 단지 한 번 웃기 위해, 기념일이나 친구 생일에 재미 삼아 주는 소품들.

30대인 나에게는 그저 관심 없는 세상 이야기였지만, 10대와 20대는 달랐다. 그들에게는 분명한 수요가 있었다. 그들만의 시장이 존재한 것이다.

그러던 중, 정말 별거 없지만 이상하게 눈길이 가는 하찮고 귀여운 인형을 발견했다. 내가 소장하고 싶지는 않았지만, 누군가에게는 '소장 욕구'를 자극할 만한 제품이라는 확신이 들었다. 더군다나 네이버 지식인이나 틱톡 같은 SNS에서 "이거 어디서 팔아요?", "이거 사고 싶어요" 같은 질문과 이야기들이 꽤 있었다.

시장 조사를 해보니 국내에서 실제로 판매하는 사람은 네이버 스마트스토어에 한 명, 에이블리에 한 명뿐이었다.

당시 내가 새롭게 주목하던 채널은 에이블리였다. 10대와 20대가 주 이용층인 에이블리는 특이하고 트렌디한 상품이 주로 소비되는 채널이었다.

그래서 이 채널에 어울리는 썸네일, 상세페이지 디자인을 고민하며 해당 제품을 집중적으로 작업했다. 상세페이지는 '실용성'보다는 '재미'에 초점을 맞췄고, 그 전략은 적중했다.

판매가 시작되자마자 나는 에이블리에서 이 제품을 가장 잘 판매하는 셀러가 되었다. 이 제품 하나로 에이블리 채널에서만 월 매출 1,000만 원을 기록하기도 했다.

물론 이러한 판매가 오래 가진 못했다. 온라인 시장에서 흔히 그렇듯이 상품이 인기를 끌기 시작하자 같은 제품을 취급하는 판매자가 늘었고, 가격 경쟁은 심해졌다. 유행이 지나자 수요도 점차 줄었다.

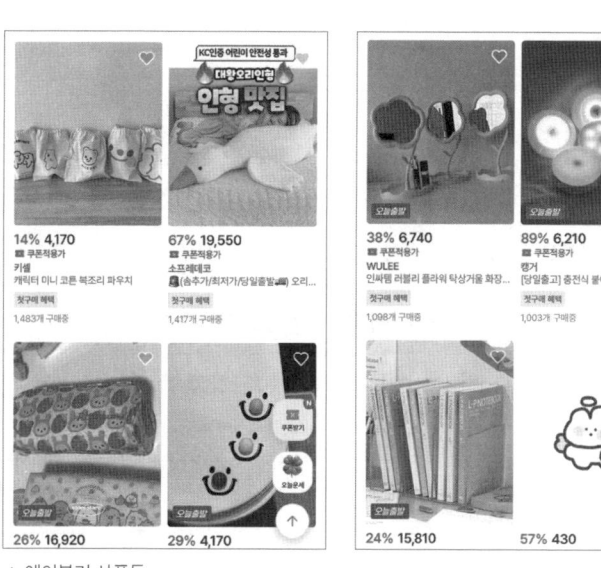

▲ 에이블리 상품들

지금은 더 이상 그 제품을 판매하진 않지만, 이 경험은 나의 소싱 관점을 바꿔놓았다.

키워드 분석으로는 보이지 않지만, 분명 존재하는 수요가 있다는 것. 그리고 그 수요는 검색량이 아닌 커뮤니티나 SNS, 댓글 같은 실제 사람들의 반응에서 발견될 수 있다는 것을 알게 된 것이다.

이후로는 습관처럼 제품을 검색하고, 관련된 질문이 있는지, 리뷰가 어떻게 달리는지를 살펴보게 되었다. 키워드 툴이 포착하지 못하는 '진짜 니즈'를 캐치하는 방법을 하나 배운 셈이다.

이처럼 틈새 수요를 찾는 일은 쉽지 않다. 하지만 경험과 노력이 쌓이면서 나만의 기준이 생기고, 그것이 또 다른 방법이 되어 돌아온다.

에이블리 채널

에이블리는 10대, 20대가 주로 이용하는 쇼핑 플랫폼이다. 독특하고 재미있는 제품이 특히 잘 팔리며, 리뷰가 많지 않더라도 썸네일만 잘 구성하면 클릭과 구매로 이어질 확률이 높다. 광고 없이도 자연스럽게 판매가 일어나는 구조라는 점도 특징이다.

단, 에이블리는 모든 상품을 무료배송 조건으로만 등록 가능한 구조다. 여기에 각종 쿠폰 비용도 판매자가 함께 부담해야 하기 때문에 마진 계산을 잘 해야 한다. 묶음배송 구성을 잘 활용하고, 처음부터 가격을 정교하게 설정해야만 역마진을 피할 수 있다.

5
작은 시장에서 1위를 노리는 전략

틈새 수요을 통해 '보이지 않던 시장'을 처음 경험한 이후, 나의 소싱 방식도 점점 더 구체화되기 시작했다.

키워드 데이터를 분석하고, 관심사를 쫓고, 때로는 이슈를 빠르게 포착해 움직이기도 했다. 하지만 결국 내가 해온 방식은 처음부터 끝까지 '작은 시장에서 1위를 노리는 전략'이었다.

첫 위탁판매 제품이었던 유아 스쿠터도, 순이익 700만 원을 기록했던 이슈성 제품도, 월 매출 7,000만 원을 만든 인형도 모두 그랬다.

나는 처음부터 큰 키워드 시장에 들어간 적이 없었다. 대신 검색량은 많지 않지만, 경쟁 판매자도 적고 내가 상위권에 진입할 가능성이 높은 시장을 선택해왔다.

큰 키워드 시장은 자신이 없었지만, 작은 시장이라면 승산이 있다고 믿었다.

지금도 유아용품을 중심으로 판매하고 있지만, 여전히 키워드 분석에만 의존하지 않는다. 오히려 검색량이 높은 키워드는 피한다. 경쟁이 치열하고 광고비가 많이 들며, 마진이 낮아지기 때문이다.

나는 광고에 돈을 쏟기보다는 경쟁자가 적은 시장에서 '첫 페이지 상단 노출'을 노리는 방식을 택했다.

예를 들어, 한때 관심을 가졌지만 끝내 들어가지 않았던 제품이 있다. 바로 '일회용 턱받이'다.

이 제품은 월 검색량이 약 1,800회로 많지는 않았지만, 소규모 수요는 분명 존재했다. 판매자도 적었고, 잘 판매하는 사람은 더더욱 드물었다. 브랜드보다 후기 중심으로 구매가 이루어지는

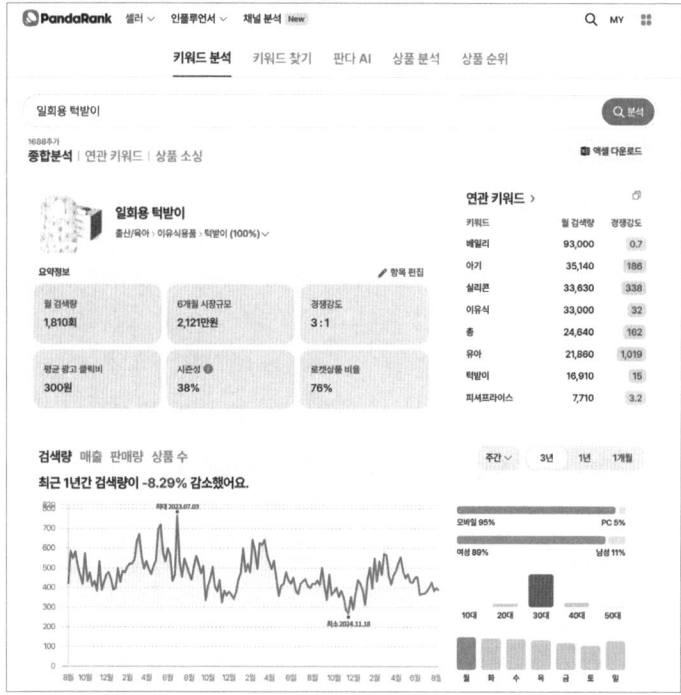

▲ 판다랭크 키워드 분석

제품이었으며, 무엇보다 '재구매율'이 높은 상품이었다.

유아제품은 아기가 성장하는 과정에서 한두 번만 필요한 경우가 많아 재구매율이 낮지만, 이 제품은 한 번 써보고 만족하면 다시 찾게 되는 구조였다.

썸네일, 상세페이지 등을 잘 구성하고 디자인을 차별화한다면 충분히 승산이 있을 것 같았다. 그래서 중국에서 제품을 찾아 디자인을 변경하고 MOQ 조정을 고민하며 수입을 검토했다.

하지만 결국 진입을 포기했다. 쿠팡에서 이 제품이 자체 PB상품으로 로켓배송되고 있었기 때문이다.

유아용품은 특히 배송 속도가 중요하다. 엄마들은 내일 당장 필요한 상황이 많기 때문에 한번 로켓배송을 경험하면 그 편리함에 익숙해질 수밖에 없다.

내가 주로 판매하는 채널이 쿠팡인 만큼, 굳이 쿠팡 PB상품과 경쟁할 이유가 없었다. 비슷한 조건의 다른 상품도 많기 때문에 그 상품을 고집할 필요는 없다고 판단했다.

이후로도 '들어갈 수 있지만 들어가지 않은' 시장은 많았다. 단순히 '팔릴 것 같다'라는 이유만으로 접근하지 않는다.

내가 주도권을 가질 수 있는 시장인가, 1~2위를 할 수 있는 구조인가를 먼저 따져본다.

소싱에 정답은 없다. 하지만 나에게 맞는 답은 분명 있었다. 작은 키워드, 적은 경쟁자, 그리고 내가 관심 있는 분야. 이 세 가지 기준에 맞춰 시장을 선택하고, 하나씩 경험을 쌓아가는 것. 그것이 지금까지 내가 살아남아온 방식이다.

모든 셀러가 나와 같은 방식일 필요는 없다. 하지만 분명한 것은, 자신에게 맞는 소싱 전략은 시행착오 속에서 찾아진다는 것이다.

결국, 경험만이 자신만의 기준을 만들어준다.

7부

실패를 통해 배운 것들

1

쿠팡 계정 영구 정지, 한순간에 0원이 된 매출

드디어 꿈에 그리던 사무실 계약을 마쳤다. 2024년 11월부터 계약을 맺었고, 렌트프리 한 달을 받아 10월부터 차근차근 사무실 입주 준비를 시작했다. 냉난방기를 설치하고, 랙을 세우고, 가벽을 설치했다. 공간이 하나씩 채워질 때마다 마음속에서도 새로운 다짐이 자라났다.

이곳에서 사업을 더 키우고, 내가 해왔던 일들을 레버리지하고, 사업의 다음 단계로 나아가리라. 사무실을 구하는 일에도, 앞으로의 계획에도 진심이었다.

그런데 그 모든 계획이 단 하루만에 무너졌다. 아이 생일을 맞아 다녀온 1박 2일의 여행에서 돌아와, 무심코 열어본 메일함 속에는 낯선 제목의 메일이 하나 있었다. 보낸 사람은 '쿠팡'이었다. "귀하의 계정은 지식재산권 침해 사유로 인해 영구 정지 처리되었으며, 모든 상품은 판매 중지됩니다."

순간, 내 눈을 의심했다. 내가 언제 지식재산권을 침해했단 말인가. 그리고 언제 '소명'하라는 메일을 받은 적이 있었던가.

쿠팡은 문제가 되는 상품이 있을 경우, 전화도 문자도 없이 메일 한 통만을 보낸다. 그리고 소명 기한은 단 이틀. 그 말은 곧, 이틀 전에 이미 메일이 와 있었다는 뜻이었다.

확인해보니 정말 그랬다. 심지어 내가 열어본 메일로 되어 있었다. 열어본 메일에는 "가표 등 상표권 침해 의심 상품이 있으니, 확인 후 소명하거나 해당 상품을 삭제하라"라는 안내가 적혀 있었다.

그저 상품 하나를 '삭제'하기만 했어도 되는 일이었다.

하지만 그때 나는 셀러 일에, 육아에, 사무실 입주 준비까지 하

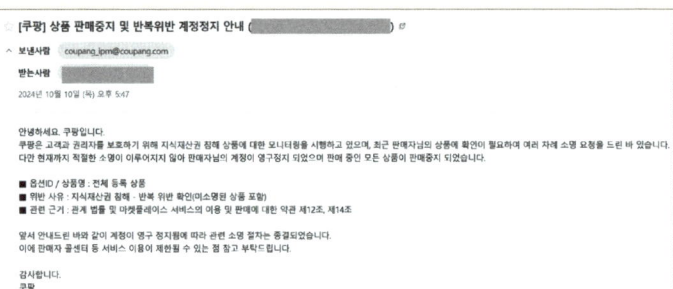

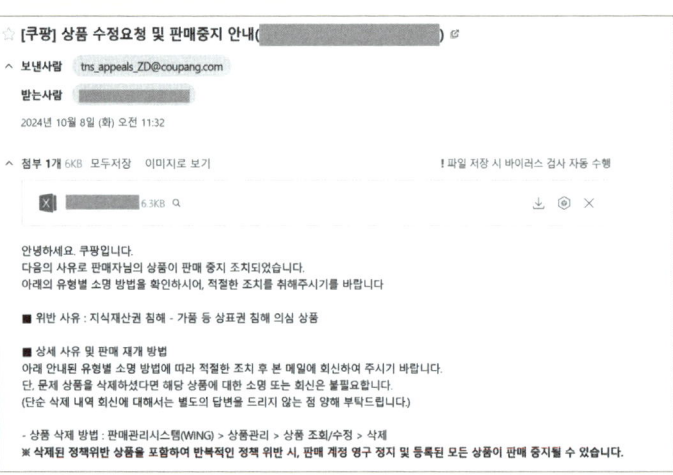

▲ 쿠팡에서 받은 메일

루하루가 숨 가쁘게 돌아가는 와중이었다. 메일을 열어봤지만, '제대로' 확인도 대응도 못 한 것이었다.

그렇게 대응도 하지 못한 채, 소명 기한은 지나버렸다. 그리고 결과는 계정 영구 정지.

내가 애써 키운 쿠팡 계정은 한순간에 날아갔고, 매출은 한순간에 0원이 되어버렸다.

나는 스마트스토어에서 판매를 시작했지만, 시간이 지나면서 쿠팡 쪽에 더 집중하고 있었다. 쿠팡은 시스템이 더 단순했고, 로켓이라는 강력한 장점이 있었으며, 무엇보다 나의 판매 방식과 잘 맞았다.

자연스럽게 스마트스토어는 소홀해지고, 매출의 비중도 점차 쿠팡으로 옮겨갔다.

그러다 보니, 어느 순간 나는 쿠팡과 도매 채널 위주로 온라인 판매를 하고 있었는데, 특히 쿠팡이 차지하는 매출 비중이 가장 컸다. 사실상 매출의 대부분이 한순간에 증발한 셈이었다.

믿기지 않았고, 억울했다. 정신이 멍해졌다. 단 한 번의 실수, 단한 번의 소홀함이 모든 것을 무너뜨린 순간이었다.

이미 퇴사는 해버렸고, 사무실 입주도 시작한 상황이었다. 다음 달부터 나갈 사무실 월세가 걱정되었다.
'혼자서 모든 것을 다 하고 있는 상황이 아니었다면, 조금만 더 지나서 직원을 두고 운영하는 시점에 이런 일이 터졌다면 막을 수 있지 않았을까?'
수많은 경우의 수가 머릿속에 그려졌지만, 돌아오는 것은 아무 소용없는 후회뿐이었다.

이제 한 단계 더 나아가기 위해 뭔가를 해보려던 참이었다. 더 큰 목표를 세우고, 확장하려던 시기였다. 그런데 손에 쥔 모든 것을 빼앗긴 듯한 공허함만이 남았다.
상황이 쉽게 인정되지 않았고, 화가 났다. 억울함과 허탈함, 분노와 막막함이 뒤섞여 며칠을 멍하니 보냈다.
그 순간, 나는 깨달았다. 사업에서 '성공'과 '유지'는 전혀 다른 문제라는 것을.

2
매출보다 중요한 것

쿠팡 계정이 한순간에 날아간 그날의 충격은 쉽게 가시지 않았다. 그동안 차곡차곡 쌓아온 매출과 리뷰가 모두 사라졌다. 눈앞이 캄캄했고, 손끝에서 힘이 빠졌다.

아무것도 하고 싶지 않았다. 모든 것을 그만두고 싶었다. 사무실 책상에 앉아 하루 종일 화면만 멍하게 바라보다가 창밖으로 고개 돌리기를 반복했다.

그러나 오래 주저앉아 있을 수는 없었다. 내게는 여전히 많은 돈을 벌고 싶은 욕심이 있었고, 무엇보다 아이를 위해서라도 포기할 수는 없었다.

'다시 시작한다면, 이번엔 절대 같은 실수를 반복하지 않겠다'라는 생각을 마음속 깊이 다짐했다.

우선, 쿠팡 재입점을 신청했다. 처음 계정을 만들 때보다 훨씬 까다로워진 절차였다. 사업자등록증, 통신판매업 신고증 등 각종 서류를 하나씩 제출하고 담당자의 검토를 기다렸다.

승인까지 시간이 걸리는 동안 가만히 있을 수 없었다. 쿠팡이라는 한 채널에 매출을 너무 의존했던 과거를 돌아보며, 다른 판매채널을 동시에 키우기로 했다.

다른 판매채널과 도매 공급망에도 이전보다 더 집중했다.

상품 등록도 처음부터 다시 시작했다. 상품을 올릴 때마다 상표권 침해 여부를 확인했고, 저작권과 지식재산권 관련 규정을 하나하나 찾아 읽었다. 이미지와 상세페이지를 수정하며, 필수 표기 사항과 법적 요건도 꼼꼼히 체크했다.

예전에는 빠른 성장을 좇느라 항상 마음이 불안했지만, 이제는 한결 마음이 편안해졌다.

그 과정을 거치며 깨달았다. 사실 이번 사건은 예고된 일이었다는 것을. 그전의 나는 지식재산권에 대한 이해 없이 매출만 올리는 데 급급했다.

깊이 있는 공부 없이 실행부터 하다 보니, 언젠가 큰 문제가 생길 수밖에 없었던 것이다.

올 것이 온 것뿐이었다. 쿠팡 계정 영구 정지는 분명 절망적인 사건이었지만, 그 시간을 지나오며 나는 '사업을 지탱하는 진짜 힘이 무엇인지'를 깨닫고 있었다.

매출만 올리는 것이 전부가 아니었다. 리스크를 관리하고, 문제를 예방하는 구조를 만드는 것이 훨씬 더 중요한 일이었다.

그래서 이번 사건은 내게 단순한 실패가 아니었다. 오히려 앞으로 더 멀리 나아가기 위한 터닝포인트였다.

사업에서 위기는 언제든 찾아올 수 있다. 그러나 그것을 어떻게 받아들이고, 무엇을 배우며, 어떻게 준비하느냐가 결국 나의 길을 결정한다.

그날 이후, 나는 단순히 물건을 파는 '셀러'가 아니라, 위기를 견디고 버틸 수 있는 '사업가'가 되고자 했다.

무너짐은 끝이 아니었다. 그것은 내가 더 단단해지는 과정이었다.

3
실패가 나를 키웠다

쿠팡 계정 영구 정지라는 사건이 가장 크고 강력한 실패였을 뿐, 그전에도 나는 크고 작은 시행착오를 끊임없이 겪어왔다.

시즌성 제품을 만들어보겠다고 처음 제작에 도전했을 때는, 처음 해보는 일이라 무엇부터 해야 할지를 몰랐다.
이것저것 알아보는 사이 시간이 흘렀고, 결국 시즌 시작을 불과 2주 앞두고 상품을 등록하는 실수를 했다. 나에게 주어진 판매 기간은 고작 2주, 매출은 3만 원에 불과했다.
문제는 제품을 만드는 데만 80만 원 가까이 들었다는 것이다.

그 와중에 "이 제품이 자기 제품을 따라 했다"라는 내용증명이 날아왔다. 판매금액을 밝히고, 그 금액을 지급하라는 요구였다.
그때는 몰랐다. 내용증명은 단순한 요구일 뿐, 법적 효력은 없다는 걸. 처음 받아보는 내용증명은 그저 무섭게만 느껴졌고, 나는 하라는 대로 판매금액을 밝히고 지급 의사를 전했다.
하지만 상대는 1,000만 원을 요구했고, 이를 거절하자 형사 고소로 이어졌다.

1,000만 원이라는 금액은 당시 나에게 너무 큰 돈이었다. 무섭고 당황스러웠지만, 어떻게 대응해야 할지 몰랐다.
결국, 경찰 조사를 받았다. 이런 일이 처음이었고, 상품도 즉시 내렸으며, 판매 금액도 미미했지만, 결과는 벌금 600만 원.
지금도 여전히 부당하다고 생각하며 이의제기를 준비 중이다.

이 사건 이후, 제작 상품에 대한 두려움이 생겼다. 그래서 다른 방식으로 '내 제품'을 만들어보기로 했다.
OEM 제작에 도전하며 중국 공장과 8,000개 계약을 맺었다. 배포가 컸던 시도였다. 하지만 A를 주문하면 B가 오고, C 색상을 요청하면 D 색상이 돌아오는 일이 반복됐다. 샘플 하나 제대로 나오지 않는 상황에서 결국 출시까지 1년이 걸렸다.
지금은 웃으며 말할 수 있지만, 그 1년은 참 고됐다.

사업을 시작하고, 육아를 병행하며 마주한 수많은 '삐끗'의 순간들. 무언가 잘 되려 하면 또 다른 문제가 터졌고, 그런 날들의 연속이었다. 사실 지금도 여전히 그런 과정을 지나고 있다고 느낀다.
하지만 지나고 보니, 그 어떤 경험도 헛되지는 않았다.
내용증명을 통해 디자인권을, 쿠팡 사건을 통해 상표권을 알게 되었고, 첫 제작 상품과 OEM 제작의 실패를 겪으며 '기존에 이미 있는 상품에 인증이라는 절차를 더하는 방식'으로 방향을 전환할 수 있었다.

실수는 단순한 실패로 끝나지 않았다.
오히려 그 모든 실패가 다음 도전을 위한 단단한 기반이 되어주었다.

나는 여전히
도전한다

나는 그 기반 위에서 오늘도 버티며 나아가고 있다. 아직도 1인 셀러이지만, 단기 아르바이트의 도움을 받아 조금씩 균형을 찾아가고 있다.

하루를 세 구간으로 나눠 아이와 함께 등원한 뒤 일하고, 저녁엔 육아에 집중하고, 아이가 잠든 뒤에 다시 일하는 일상은 변함이 없다.

여전히 숨 가쁘고 반복적인 하루지만, 그 안에서 나는 분명 변해가고 있다.

매출이 늘수록 고객 응대도 늘고, 감정노동의 순간도 많아진다. 예전의 나는 무조건 고객의 요구를 맞추려 애썼다. 그게 곧 '좋은 셀러'의 자세라고 믿었다.

하지만 이제는 내가 지켜야 할 선을 명확히 하고 있다. 무리하게 맞추다 보면, 결국 먼저 무너지는 것이 나 자신이라는 것을 잘 알기 때문이다.

그래서 요즘은 '내 마음 지키는 법'을 배우고 있다.

업무와 휴식의 경계를 만들고, 감정이 크게 소모되는 순간엔 잠시 멈춰 숨을 고른다. 사업의 속도와 내 삶의 속도를 맞추는 것이야말로 오래 달릴 수 있는 힘이라는 것을 조금씩 깨닫고 있다.

이제는 단기적인 매출 상승보다, 지치지 않고 계속 갈 수 있는 구조를 만드는 데 집중한다.

나는 단순히 물건만 파는 사람이 아니라, 브랜드를 만들고, 구조를 세우고, 방향을 설계하는 사람으로 변해가고 있다.

최근에는 자체 브랜드 론칭을 준비하며 중국 공장에도 다녀왔다. 직접 새로운 상품을 찾고, 샘플을 받아 품질을 확인하고, 브랜드명과 패키지 디자인을 기획하는 과정은 생각보다 훨씬 길고 복잡했다.
하지만 이 모든 과정이 한 걸음 더 나아가기 위한 준비임을 알기에 기꺼이 감수하고 있다.

앞으로는 내 브랜드를 키우고 자사몰을 성장시키는 것이 목표이다.
쿠팡 계정 정지 사건을 겪으며 깨달았다. 내가 직접 컨트롤할 수 있는 채널이 있어야 하고, 당장의 높은 매출보다 오래갈 수 있는 브랜드가 중요하다는 것을.

물론 불안이 완전히 사라진 것은 아니다. 사업을 하는 이상, 변동성과 변수는 항상 존재한다. 매출이 늘어도 그 불안은 함께 커진다.
다만 예전과 다른 점은, 이제는 그 불안 때문에 멈추지 않는다는 것이다.

나는 지금도 여전히 도전 중이다.

엄마이자 사업가로서, 육아와 일을 병행하며 하루하루를 부딪히고 있다. 이 길이 결코 쉽지 않다는 것을 누구보다 잘 알지만, 나는 이 길을 선택했고 앞으로도 걸어갈 것이다.

매일이 새로운 시도와 배움으로 이어지는 이 여정이 나를 더 단단하게 만들고 있다는 것을 믿는다.

오늘의 작은 한 걸음이 모여 내일의 기반이 되고, 그 기반 위에서 나는 또 다른 도전을 시작할 것이다.

그래서 나는 멈추지 않는다. 엄마이자 사업가로, 나는 앞으로도 계속 나아갈 것이다.

8부

셀러 성장을 위한 마지막 체크리스트

1

숫자에 약해도, 숫자를 외면할 수는 없다

셀러에게 숫자는 선택이 아니라 필수다. 하지만 많은 초보 셀러들이 이 부분을 크게 신경쓰지 않는다.

특히, 스마트스토어나 쿠팡처럼 매출 지표와 광고수익률, 전환율, 객단가 같은 데이터가 체계적으로 제공되는 플랫폼을 활용하면서도, 그 숫자들을 제대로 들여다보지 않는 경우가 많다.

온라인 셀러가 데이터를 분석하는 가장 기본은 매출과 순수익의 차이를 아는 것이다.

매출은 고객이 결제한 총금액이고, 순수익은 매출에서 제품 원가, 택배비, 수수료, 광고비 및 각종 비용 등을 차감한 실제 수입이다.

매출만 보고 기뻐하다가, 정작 통장은 텅 비어 있는 상황을 방지하기 위해서는 반드시 매출과 순수익의 차이를 유념해야 한다.

그다음으로 살펴봐야 할 데이터는 전환율, 객단가, ROAS(광고수익률), 재고회전율과 같은 핵심 지표이다.

- 전환율이 낮으면 상세페이지나 가격, 상품 구성에 문제가 있을 가능성이 크다.
- 객단가가 낮으면 구성 변경이나 묶음 판매, 무료배송 조건 조정 등을 검토할 필요가 있다.
- ROAS는 광고 효율을 보여주는 지표로 예산을 어디에 집중해야 할지 결정할 때 참고가 된다.
- 재고회전율은 내가 지금 자금과 공간을 얼마나 효율적으로 쓰고 있는지를 보여준다.

이 숫자들은 단순한 정보가 아니다. 내가 운영하고 있는 사업의 상태를 말해주는 지표이자, 셀러로서의 방향을 조정하는 기준이 된다.

온라인 셀러가 이 같은 데이터를 분석하기 위해 복잡한 엑셀이나 전문적인 분석 툴을 반드시 사용해야만 하는 것은 아니다. 스마트스토어나 쿠팡 판매자 센터에서 제공되는 리포트를 매주 확인만 해도 초보 셀러에게는 충분하다.

- 어떤 상품이 클릭 대비 주문이 적은지
- 광고비 대비 매출이 얼마나 나오는지
- 특정 시기에 전환율이 떨어진 이유는 무엇인지

이런 것들을 살펴보는 것만으로도 초보 셀러는 현재의 문제점을 파악하고 다음 전략을 세우는 데 큰 도움이 된다.

특히, 육아와 일을 병행하는 주부 셀러라면 감에 의존한 판단보다 숫자에 기반한 점검이 훨씬 효율적이다. 시간을 쪼개가며 일을 하는 만큼, 최소한의 데이터 확인만으로도 손실을 줄이고 집중해야 할 상품에 에너지를 모을 수 있기 때문이다.

처음부터 잘할 필요는 없다. 중요한 것은 숫자를 두려워하지 않고 '자주 들여다보는 습관'을 들이는 것이다. 숫자를 살펴보는 시간이 쌓일수록 나만의 기준이 생기고 눈에 띄는 숫자가 하나 둘씩 보이기 시작할 것이다.

오래 가고 싶은 셀러라면, 감보다는 숫자로 근거를 쌓는 습관이 결국 가장 큰 무기가 된다.

2

지식재산권, 반드시 챙겨야 할 최소한의 안전장치

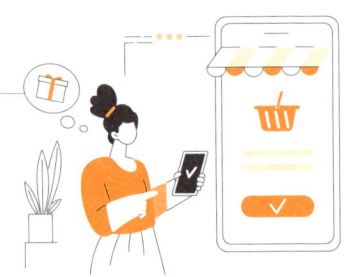

초보 셀러들이 숫자와 함께 가장 많이 놓치는 부분이 바로 지식재산권과 저작권이다.

이러한 권리에 대한 이해는 셀러들이 반드시 챙겨야 할 기본 중의 기본이다. 하지만 온라인 판매를 처음 시작하는 시기에는 상품을 소싱하고 등록하고 판매하는 것만으로도 바빠 상품명, 디자인, 이미지 같은 요소들을 대수롭지 않게 여기기 십상이다.

그러나 작은 문제라 여기고 쉽게 지나쳤던 이러한 권리들이 때로는 치명적인 문제를 일으키기도 한다.

지식재산권과 저작권은 비슷해 보이지만, 구분해서 이해해야 한다.

지식재산권은 사람의 아이디어와 창작물을 지켜주는 권리의 총칭이다. 그중에서도 셀러가 직접 마주하게 되는 것은 주로 산업재산권이다. 상표권, 디자인권, 특허권, 실용신안권이 여기에 해당된다. 반면 저작권은 출판, 음악, 사진, 영상 같은 창작물을 보호하는 권리이다.

법적으로는 서로 다른 범주에 속하지만, 셀러의 입장에서는 지식재산권과 저작권 모두 반드시 챙겨야 할 영역이다.

상표권은 브랜드와 브랜드명을 지켜준다. 내가 등록하는 상품의 상품명이 이미 등록된 상표인지 확인하지 않고 사용하다가 상표권 침해 문제가 발생하는 경우가 많다.

하지만 내가 먼저 브랜드명을 등록해두면, 그 브랜드명은 나만의 자산이 된다. 누군가가 무단으로 사용하려 할 때 나의 브랜드를 방어할 수 있는 힘이 생기는 것이다.

디자인권은 상품의 모양과 외형을 보호하는 권리이다. 기능은 같아도 포장이나 외형에서 차별화된 디자인을 등록해두면 그것 역시 권리가 된다.
다른 셀러가 내가 등록한 포장이나 외형을 따라 만들 수 없기 때문에, 나의 상품을 차별화하는 중요한 무기가 된다.

특허와 실용신안은 발명과 아이디어를 보호하는 권리이다. 셀러가 직접 특허와 실용신안을 다루는 경우는 상대적으로 적지만, 특정 기능이나 구조가 강조된 상품을 판매하려 한다면 반드시 확인이 필요하다.
내가 만든 제품이 아니더라도, 이미 등록된 특허를 침해하면 곧바로 분쟁으로 이어질 수 있기 때문이다.

저작권은 특허에 비해 훨씬 셀러 활동에 밀접한 문제이다. 상세페이지에 올리는 사진, 문구, 디자인, 심지어 작은 아이콘 하나까지도 모두 누군가의 창작물일 수 있기 때문이다.
저작권은 등록 여부와 상관없이 창작되는 순간부터 발생한다. 따라서 인터넷에 올라온 이미지를 가져다 쓰는 일, 경쟁사의 상세페이지 문구를 그대로 옮겨 적는 일은 모두 저작권 침해의 대상이 된다.

저작권은 초보 셀러들이 방심하기 쉽지만, 동시에 가장 흔히 문제가 발생하는 영역이다.

그렇다면 초보 셀러들이 이러한 지식재산권과 저작권 문제에 대비하는 방법은 무엇일까? 셀러가 이러한 권리에 대해 반드시 알아야 할 것은 크게 두 가지이다.

첫 번째는 이러한 권리의 침해를 미리 예방하는 것이다.
판매하려는 상품을 등록하기에 앞서 단 10분만 투자하면, 특허정보검색서비스(KIPRIS)에서 상표와 디자인 등록 여부를 확인할 수 있다. 그리고 기본적인 저작권 지침을 살펴보는 습관만 들여도 대부분의 문제는 미연에 방지할 수 있다.

두 번째는 미리 나만의 권리를 만드는 것이다.
내가 만든 브랜드와 브랜드명을 상표로 등록하고, 내가 촬영한 사진과 직접 작성한 상세페이지는 저작권으로 보호된다. 내가 판매하는 상품의 포장이나 외형을 디자인권으로 등록할 수도 있다. 이렇게 쌓인 권리는 단순히 분쟁을 막아주는 차원을 넘어, 브랜드와 사업의 기반이 된다.

셀러의 세계에서 "몰랐다"라는 말은 변명이 되지 않는다.
권리에 대한 이해는 귀찮은 절차가 아니라, 내 사업을 지켜내는 최소한의 안전장치이자 나만의 무기를 만들어가는 과정이다.
오래 가고 싶은 셀러라면, 이 부분을 먼저 짚고 넘어가는 것이 큰 힘이 된다.

3

물류와 공간 고민, 3PL vs 사무실

셀러라면 누구든지 한번쯤은 물류와 공간의 문제와 마주하게 된다.

처음에는 집 한쪽에서 상품을 보관하고 포장해 택배를 붙이는 것으로 충분하다. 하지만 주문량이 늘어나고 재고가 쌓이기 시작하면 금세 공간의 한계에 부딪힌다. 거실이 창고가 되고, 집안 곳곳이 박스로 채워지면, 더 이상 개인 공간을 유지하기조차 힘들어진다.

이때부터는 물류와 공간에 대한 전략적인 선택이 필요해진다.

이때 셀러에게 주어지는 선택지는 크게 두 가지다.

3PL Third Party Logistics(물류 위탁)을 이용하거나, 사무실을 직접 운영하는 것이다.

[3PL, 물류를 맡기고 효율을 높이는 방법]

3PL은 말 그대로 물류와 재고를 제3자에게 맡기는 서비스다. 셀러가 재고를 물류센터에 입고해두면, 주문이 들어올 때마다 센터에서는 포장과 발송을 대신 처리해준다.

최근에는 단순 보관과 출고를 넘어 반품 처리, 로켓그로스 작업, 묶음 배송까지 지원하는 업체도 많다.

① 3PL의 장점

- 공간의 부담이 없다. 집이나 개인 사무실을 창고로 쓰지 않아도 된다.
- 반복되는 포장·출고 업무를 줄일 수 있어, 셀러는 소싱과 마케팅에 더 집중할 수 있다.
- 주문량이 갑자기 늘어도 인력이나 공간을 확장할 필요 없이 센터에서 대응할 수 있다.

예전에는 일정 규모 이상의 매출이 안정적으로 발생해야 3PL을 활용할 수 있다는 인식이 강했다. 실제로 물류 비용을 감당할 여력이 있는 시점에서 가장 효율이 높기 때문이다.

하지만 요즘은 많이 달라졌다. 소규모 셀러를 위한 3PL 서비스가 늘어나면서, 단 몇 박스만 입고해도 출고를 맡길 수 있는 구조가 된 것이다.

이제는 초보 셀러도 필요하다면 충분히 3PL 서비스를 활용할 수 있는 선택지가 된 것이다.

② 3PL의 단점

- 보관료와 출고 수수료 등 비용이 꾸준히 발생한다. 특히 부피가 크거나 회전율이 낮은 상품은 부담이 더 크다.
- 센터 운영시간과 규칙에 따라야 하기 때문에, 원하는 시간에 입출고가 어려울 수도 있다.
- 반품 상품을 직접 확인하지 못해, 상태를 확인하거나 빠르게 조치하기 힘든 경우도 있다.

따라서 3PL은 규모가 있든 없든, 현재 상황에서 반복 업무를 줄이고 본업에 집중하는 것이 더 중요하다면 언제든지 선택할 수 있는 방법이다.

[사무실 직접 운영, 통제와 관리의 장점]
물류와 공간의 고민이 생겼을 때 선택할 수 있는 또 다른 방법은 직접 사무실을 마련해 사무실에 재고를 보관하고 직접 물류를 관리하는 것이다.

앞서 설명한 3PL 서비스가 제3자에게 재고와 물류를 맡기는 장점이 있는 반면, 재고와 반품을 직접 확인할 수 없고 물류 또한 직접 관리할 수 없다는 단점이 있었다.

사무실 운영은 이러한 3PL의 장점보다 단점이 크게 보일 때, 재고와 물류를 직접 관리하고 싶거나 규모가 크지 않을 때 현실적인 대안이 된다.

① **사무실의 장점**
- 재고를 직접 확인하고 관리할 수 있다. 반품의 상태를 즉시 확인하고 필요한 조치를 빠르게 취할 수 있다.
- 포장 방식이나 발송 일정을 자유롭게 조정할 수 있어, 유연하게 대응할

수 있다.
- 내 사업을 하는 공간을 갖게 된다는 심리적 안정감도 크다.

② 사무실의 단점
- 임대료, 관리비, 택배 계약 등 고정비 부담이 생긴다.
- 주문이 늘어날수록 직접 감당하기 어려워져 인력을 추가로 고용해야 할 수도 있다.
- 물류 업무가 늘어나면서 정작 소싱과 마케팅에 쓸 시간을 잃을 수 있다.

나는 1인 셀러로서 이 과정을 거꾸로 밟았다. 집에서 온라인 판매를 시작해 처음에는 3PL을 이용하다가 직접 사무실을 운영해보는 순서를 선택한 것이다.
직접 사무실을 운영하기로 결정한 이유는, 물류를 눈으로 직접 확인하고 싶었고 작은 규모를 감안했을 때 직접 운영하는 편이 더 맞다고 판단했기 때문이다.
하지만 언젠가 다시 브랜드를 키우고 규모가 커지는 날이 온다면, 효율적인 운영을 위해 3PL 서비스를 다시 활용할 생각이다.

결국, 정답은 없다. 처음부터 3PL 서비스를 활용하는 것이 맞을 수도 있고, 일정 시점까지는 직접 운영하다가 규모가 커지면 3PL 서비스로 전환하는 것이 맞을 수도 있다.
중요한 것은 내 사업의 단계와 상황에 맞는 선택을 하는 것이다.

사업은 단거리 달리기가 아니라 긴 호흡의 마라톤 경주이다.
재고와 물류, 공간을 어떻게 운영할지는 셀러의 속도를 결정짓는 중요한 열쇠다.
오래 가고 싶은 셀러라면, 내 상황에 맞는 구조를 선택하는 것이 결국 가장 큰 힘이 된다.

4
바이럴 마케팅, 작은 노출이 큰 매출을 만든다

온라인 판매의 본질은 결국 '노출 싸움'이다. 아무리 상품이 좋아도 고객이 보지 못한다면 팔리지 않는다.

그러나 초보 셀러 입장에서 대규모 광고비를 투자하기란 쉽지 않다. 이럴 때 실질적인 대안이 되는 것이 바로 '바이럴 마케팅'이다.

바이럴 마케팅이란 고객이 직접 경험한 후기를 통해 다른 고객에게 자연스럽게 확산되는 방식의 마케팅이다.

광고보다 진솔한 경험담을 담은 후기는 신뢰를 얻기 쉽고, 적은 비용으로도 효과적인 홍보를 할 수 있다. 특히, 블로그, 인스타그램, 틱톡과 같은 채널은 규모가 작은 셀러에게도 충분히 기회를 제공한다.

[블로그 체험단, 검색 노출을 활용한 방법]

바이럴 마케팅의 가장 보편적인 방식은 블로그 체험단이다. 제품을 체험단에게 제공하고, 실제 사용 후기를 블로그에 게시하게 하는 방식이다.

소비자는 광고성 문구보다 실제 사용자의 목소리에 더 귀를 기울이기 때문에 충분한 효과를 발휘한다.

① **블로그 체험단의 장점**
- 비교적 낮은 비용으로 진행할 수 있다. 제품 제공과 소정의 원고료 정도면 충분하다.
- 네이버 검색에 노출되며, 자연스럽게 스토어 방문으로 이어진다.
- 다양한 소비자의 사진과 사용 후기를 확보해 신뢰도를 높일 수 있다.

② 블로그 체험단의 주의할 점

· 형식적인 후기만 늘어나면 효과가 떨어진다. 진솔하고 구체적인 후기를 남길 수 있는 체험단을 선별하는 것이 중요하다.

· 상품의 장점을 잘 보여줄 수 있도록 촬영 가이드, 글의 방향 등을 미리 안내하면 더 좋은 결과를 얻을 수 있다.

[SNS 바이럴, 고객이 만든 콘텐츠의 힘]

요즘은 인스타그램, 틱톡 같은 SNS 숏폼 콘텐츠가 구매로 직결되는 경우가 많다.

특히, 30~40대 여성 소비자를 타겟으로 하는 상품이라면 인스타그램이, 10~20대 여성 소비자를 타겟으로 하는 상품이라면 틱톡이 강력한 효과를 발휘한다.

체험단이나 고객에게 제품을 제공하고, 그들이 만든 영상과 사진을 다시 활용하면 광고 이상의 효과를 얻기도 한다.

소비자가 직접 사용하고 남긴 후기는 어떤 마케팅보다 진정성 있게 다가오기 때문이다.

[체험단 플랫폼 활용하기]

최근에는 블로그, 인스타그램, 유튜브, 틱톡 등 다양한 채널의 체험단을 모집할 수 있는 플랫폼이 많다.

각 채널별로 별도의 체험단을 모집하는 방식이 일반적이기 때문에, 셀러는 상품에 맞는 채널을 선별해 원하는 체험단을 신청하면 된다.

이러한 체험단 플랫폼은 셀러의 필요에 따라 선택적으로 운영을 할 수 있어, 예산이나 마케팅 전략에 맞춘 유연한 활용이 가능하다.

① 대표적인 체험단 플랫폼

- 레뷰 https://www.revu.net/
- 리뷰플레이스 https://www.reviewplace.co.kr/
- 미블 https://www.mrblog.net/
- 체험뷰 https://chvu.co.kr/campaign
- 리뷰노트 https://www.reviewnote.co.kr/
- 서울오빠 https://www.seoulouba.co.kr/
- 디너의여왕 https://dinnerqueen.net/

- 티블 https://www.tble.kr/

- 놀러와체험단 https://www.cometoplay.kr/

[인플루언서 직접 컨택, 셀러의 또 다른 선택지]

체험단 플랫폼 외에도 나는 종종 블로그나 인스타그램에서 직접 인플루언서를 찾아 연락하기도 한다.

체험단 플랫폼을 거치지 않기 때문에 수수료나 중개 비용이 들지 않고, 내가 원하는 스타일의 리뷰를 요청하기에도 훨씬 유연했다.

직접 인플루언서를 찾아 연락하는 방법도 어렵지 않다.

네이버 블로그에서는 관련 키워드로 후기 글을 자주 올리는 블로거를 찾고 프로필에 있는 메일 주소나 쪽지 기능을 통해 연락하면 된다.

인스타그램에서는 해시태그 검색으로 피드를 예쁘게 운영하는 계정을 발견하고 DM으로 협찬 제안을 보내기도 했다.

물론 모든 협업이 성공적이진 않았다. 쪽지나 DM을 보내도 회신이 없는 경우가 많았고, 협업을 진행하더라도 사진 퀄리티가 낮거나 일정이 지연되는 일도 있었다.
하지만 오히려 이런 경험이 체험단 운영과 관련된 기준을 만드는 데 도움이 되었다.

팔로워 수보다 콘텐츠 스타일과 후기의 진정성을 더 중요하게 보게 되었고, 협찬 제안 시에는 제품의 장점과 기대하는 후기의 방향을 간단히 정리해서 전달하는 것이 좋다는 것도 알게 되었다.
직접 인플루언서를 찾아 컨택하는 것은 다소 번거롭지만, 나만의 마케팅 파트너를 만들어가는 과정이라고 생각하면 꽤 의미 있는 일이었다.
특히, 예산이 한정되어 있을 때, 적은 비용으로도 높은 퀄리티의 후기를 확보할 수 있는 좋은 방법이 된다.

바이럴 마케팅의 본질은 억지로 퍼뜨리는 광고가 아니다. 누군가에게 제품을 체험하게 하고, 그 경험이 자연스럽게 또 다른 소비자에게 전해지는 흐름이다.

그래서 무엇보다도 중요한 것은 결국 상품 자체의 경쟁력이다.

고객이 만족하지 못한 상품은 어떤 체험단을 운영하더라도 오래 확산되지 않는다.
반대로 상품이 충분히 매력적이라면, 작은 후기 하나가 예상치 못한 파급력을 만들기도 한다.

바이럴 마케팅을 거창하게 시작할 필요는 없다. 블로그 몇 건의 후기, SNS에 올라온 짧은 영상 하나가 모여 브랜드 인지도를 쌓는다. 그리고 어느 순간, '검색해도 보이고, SNS를 열어도 보이는 상품'이 될 수 있다.
대규모 광고비를 쓰지 않아도 된다. 작은 시도와 꾸준함. 그것이 초보 셀러에게 가장 현실적인 마케팅 전략이다.

5
루틴이 있는 셀러는 흔들리지 않는다

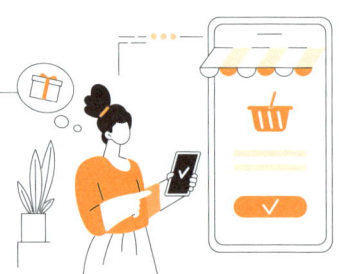

육아와 함께 온라인 셀러의 삶을 병행하다 보면 하루가 어떻게 지나갔는지도 모를 때가 많다.

오전에는 아이 어린이집 등원, 낮에는 상품 등록과 고객 응대, 오후에는 택배 포장, 저녁에는 퇴근 후 남편과 아이와의 시간. 그 사이사이에 오는 알람과 문의, 반품 처리까지.

뭔가 바쁘게 하고는 있는데, 하루가 끝나면 '오늘 나는 뭘 했지?' 싶은 날들이 이어졌다.

그래서 만든 것이 루틴이다. 루틴은 계획보다 단순하고, 습관보다 명확하다.

매일매일 반복되는 일상속에서 나만의 순서를 정하고 흐름을 만드는 것이다.

예를 들어, 오전에는 커피 한 잔과 함께 전날 매출을 확인한다. 아이가 등원한 이후에는 집중해서 새로운 상품을 소싱하고, 입고 상품의 재고를 정리한다. 점심 이후에는 포장을 하고, 오후 늦게는 체험단 컨택이나 SNS 콘텐츠 기획 같은 '외부를 향한 작업'을 한다.

아이가 하원한 이후에는 업무를 멈추고 저녁을 가족과 함께 보낸다. 아이가 잠든 이후 2~3시간 정도는 다시 노트북을 켜고 모르는 분야에 대한 공부를 하는 시간으로 쓴다.

이 루틴이 모든 셀러에게 정답은 아니다. 다만, 내가 흔들리지 않기 위한 최소한의 장치이다.

무언가 예측 가능하다는 것, 내가 할 일을 알고 있다는 감각은 셀러에게 큰 안정감을 준다.

특히, 혼자 일하는 셀러에게 루틴은 멘탈 관리이자 에너지 배분이다.

오늘 하루 '일한 것은 같은데 아무것도 못한 것 같은' 기분을 덜어내기 위해서라도 루틴은 필요하다. 일정을 쪼개고, 시간을 나누고, 해야 할 일을 정리해두면 우선순위가 보이고, 불필요한 일에 시간을 쓰지 않게 된다.

물론 루틴은 처음부터 잘 짜지지 않는다. 몇 번이고 엎어지고, 다시 세우고, 또 바꾸는 과정을 거쳐야 내 생활에 맞는 흐름이 만들어진다.

아이가 아픈 날, 예고 없이 일이 몰리는 날, 며칠씩 흐름이 무너질 때도 있다. 그래도 다시 돌아갈 수 있는 '기본'이 있다는 것은 정말 큰 힘이 된다.

육아와 사업을 함께 하는 셀러에게 루틴은 '시간 관리' 그 이상이다.

한정된 체력과 집중력을 어디에 쓸지 선택하는 기준이고, 내 하루를 지키기 위한 최소한의 틀이다.

잘 팔리는 셀러가 되는 것도 중요하지만, 오래 가는 셀러가 되는 것은 더 중요하다.

그 출발은 거창한 전략이 아니라, 내 삶에 맞는 루틴을 만드는 데서 시작된다.

에필로그

현실을 견디는 힘

이제 이 길의 끝에서, 나는 한 가지 질문을 스스로에게 던진다.
'그래, 이 선택은 나에게 어떤 의미였을까?'

셀러의 삶은 화려해 보이지만, 그 이면에는 무수한 현실이 존재한다. 가장 크게 느끼는 것은 수입에 대한 불안정함이다.
매출이 높다고 해서 통장에 돈이 그대로 남는 것은 아니다. 세금, 물건 대금, 사무실 비용, 택배비, 광고비까지 계산하고 나면 정작 내 손에 남는 돈은 많지 않다. 오히려 마이너스가 되는 달도 있다.

그래서 나는 퇴사를 쉽게 권하지 않는다. 특히, 가장이라면 더욱 그렇다.

작년 쿠팡 계정 정지로 매출이 0원이 되었을 때, 나는 그 의미를 절실히 깨달았다. 다행히 남편의 안정적인 월급이 있었기에 가정의 생계에는 문제가 없었지만, 만약 내가 가장이었더라면 정말 막막했을 것이다.

물론 퇴사 이후 얻은 좋은 점도 분명 있다. 누군가에게 끌려가지 않고, 만나고 싶은 사람만 만나며, 시간을 내 방식대로 쓸 수 있다는 점은 혼자 있는 것을 좋아하고 사람에게 쉽게 피로해지는 내 성격에 맞는 삶이었다.

무엇보다 내가 노력한 만큼 결과가 돌아온다는 점에서 오는 희망도 있었다.

그러나 그만큼 책임도 크다. 수입은 불안정하고, 안정적인 월급과 그 불안감이 다르다. 그래서 이 길을 선택하려는 누군가에게 나는 꼭 말하고 싶다.

"막연한 환상보다는, 냉정한 준비가 먼저다."

그리고 그 준비는 시행착오 속에서 더욱 단단해진다. 실패도 견디고, 변화도 감내하며, 현실 속에서 길을 만들어가는 사람만이 오래 살아남는다.
셀러의 삶은 매일매일이 도전이다.

하지만 나는 믿는다. 현실을 정면으로 마주하면서도 나만의 속도를 지켜낼 수 있다면, 지금 이 길은 충분히 가치 있는 길이 될 것이다.
언젠가는 작은 한 걸음들이 모여 큰 길이 되고, 그 길의 끝에서 더 단단해진 나 자신을 만나게 될 것이다.

그래서 나는 오늘도 멈추지 않는다.
그리고 당신도, 멈추지 않기를 바란다.

육아맘 셀러, 그만큼의 자유와 가능성

육아를 하면서 셀러 일을 병행한다는 건 결코 쉬운 일이 아니다. 아이의 낮잠 시간에 상품 등록을 하고, 아이 밥을 만들다 말고 고객 응대를 하며, 아이를 재운 밤에야 겨우 하루의 업무를 마무리하곤 했다.

하지만 아이와 함께하는 이 바쁜 일상 속에서, 나는 조금씩 달라지고 있었다.

시간의 소중함을 절실히 깨달았고, 짧은 순간에도 집중하는 능력이 생겼다. 혼자였다면 미루고 또 미뤘을 일도, 엄마라는 이유로 '지금 아니면 못 해'라는 절박함 덕분에 움직이게 됐다.

무엇보다 엄마이기 때문에 포기해야 하는 게 아니라, 엄마이기에 더 간절해질 수 있다는 사실을 깨달았다.
하루하루를 밀도 있게 살아내면서도, 동시에 아이와 함께하는 시간도 놓치지 않을 수 있었다.

육아와 일이 완전히 분리될 수는 없지만, 셀러라는 일은 적어도 '나만의 리듬'을 만들어갈 수 있는 자유를 준다.
그리고 그 리듬을 찾기 위해 내가 가장 먼저 시도한 건 공간을 분리하는 일이었다.

처음엔 사무실 없이 집에서 일을 했다. 택배는 집에서 보냈지만, 상품 등록 같은 컴퓨터 작업은 집중이 쉽지 않았다. 그래서 가까운 스터디카페를 오가며 일했고, 아이 하원 시간이 다가오면 집으로 돌아와 저녁을 준비하고 육아를 이어갔다.
그때의 나는 분명 '일하는 엄마'였지만, 동시에 '전업주부 같은 엄마'이기도 했다.

그러다 사무실을 구하고 나서부터, 일과 육아의 균형이 훨씬 명확해졌다.

남편과 시간을 나눠 일주일 중 이틀은 내가 야근, 이틀은 남편이 야근, 그리고 주말은 온 가족이 함께 시간을 보내는 방식으로 생활을 조정했다.

그렇게 하니 업무 시간도 안정적으로 확보됐고, 나 역시 '일하는 사람'이라는 자각이 더 분명해졌다.

셀러는 혼자 일하는 직업 같지만, 절대 혼자서는 완성되지 않는다.

남편과의 대화를 통해 만들어낸 가족의 협력, 일과 육아를 나누는 시간과 공간에 대한 전략, 그리고 무엇보다 '이 삶을 내가 선택했다'라는 스스로에 대한 믿음이 필요하다.

육아맘 셀러의 삶은 고단하지만, 그만큼의 보람과 가능성이 있다.

그리고 그 가능성은, 오늘도 아이 옆에서 무언가를 포기하지 않고 노력하고 있는 당신에게도 분명히 도착할 것이다.

퇴사보다 먼저, 부업부터 해보세요

"회사 그만두고 나도 창업할까?"

누구나 한 번쯤은 이런 생각을 한다.

회사에 다니며 느끼는 답답함, 내 시간 아닌 타인의 일정에 맞춰 살아야 하는 피로감.

나도 그랬다. 그리고 결국 퇴사를 선택했다.

하지만 지금 돌아보면, 그 선택은 '부업을 통한 충분한 준비'가 있었기에 가능했던 일이었다.

나는 말하고 싶다. 무작정 퇴사하지 말고, 부업부터 시작해보라고. 퇴사를 결심하기 전, 하루 1~2시간이라도 내가 직접 선택하고 운영해보는 작은 수익 구조를 만들어보자. 한 달에 10만 원이든 50만 원이든, 직장 외의 수익이 '현실적으로 작동하는 경험'을 해보는 게 먼저다.

그 과정을 통해 알게 된다. 내가 어떤 일을 좋아하는지, 어떤 것을 잘할 수 있는지, 어디에서 스트레스를 받는지, 무엇이 수익으로 이어지고, 어떤 방식이 내 생활과 맞는지.
부업은 단순한 돈벌이가 아니라, 내 삶의 지도를 다시 그려보는 과정이다.

그리고 부업이 어느 정도 궤도에 올라왔을 때, 즉 월 고정비나 생활비 일부라도 부업으로 감당할 수 있게 되었을 때, 그때서야 비로소 다음 단계를 고민해도 늦지 않다.

물론 회사를 다니면서 부업까지 한다는 건 체력적으로 정말 쉽지 않다. 하지만 그 무게를 감당해본 사람만이, 안정과 자유 사이의 간극을 정확히 이해할 수 있다.
성급한 퇴사는 다시 돌아갈 곳을 잃게 만들 수도 있지만, 준비된 퇴사는 새로운 가능성 위에 설 수 있게 해준다.

이제 시작하려는 당신에게 나는 이렇게 말해주고 싶다.
"퇴사는 마지막에 꺼내는 카드예요. 먼저 부업부터, 아주 작게라도 시작해보세요."
부업이 당신의 리스크를 줄여주고,
당신의 진짜 가능성을 발견하게 해줄 것이다.